ビジュアル版

縄文時代ガイドブック

勅使河原 彰

目次

装　幀　新谷雅宣
本文図版　松澤利絵

01 縄文時代へのお誘い

「縄文時代は、定住もせず、シカやイノシシの肉、ドングリなど木の実、貝などの食料探しに明け暮れていた野蛮《やばん》な社会だった」

これが一昔前までの日本人がいだいていた縄文時代のイメージではなかったかと思います。こうした根強い、野蛮だという縄文時代のイメージを変えるきっかけをつくったのは、一九七二年に発掘が本格的に開始された福井県の鳥浜《とりはま》貝塚です。

鳥浜貝塚は、風光明媚《めいび》な三方《みかた》五湖の一つ、三方湖にそそぐ鰣《はす》川と高瀬《たかせ》川の合流点付近の河床を中心に広がる**低湿地《ていしっち》の遺跡**＊です。この特異な遺跡の立地こそが、後に「縄文のタイムカプセル」とよばれる発見となったのです。

一九八五年までの一〇次におよんだ鳥浜貝塚の発掘の結果、縄文時代早期から前期まで、大型のものは丸木舟《まるきぶね》にはじまって、弓、石斧柄、鉢、櫛《くし》などの木製品、縄や編み物などの繊維製品といった有機質の遺物が豊富に出土したのです。しかも、そのなかには見事な漆器《しっき》もあって、その洗練された技術と色彩感覚には驚かされました。さらに、栽培植物と考えられているヒョウタンや**リョクトウ**＊、エゴマなどの種子が発見されるなど、それまでの縄文時代のイメージを一変させたのです。

＊**低湿地の遺跡**
日本列島の土壌は酸性なので、有機質の資料の多くを腐朽させてしまう。ところが、低湿地では、地下水が資料を水漬け状態にして酸素の供給を絶つ役目をすることから、有機質の資料を豊富に残すことになった。

＊**リョクトウ**
現在では、ササゲの野生種の可能性が指摘されている。

もう一つの事例は、一九九二年から発掘が開始された青森県の三内丸山《さんないまるやま》遺跡です。遺跡の約四〇パーセントの確認調査が終了した段階で、縄文時代中期を中心に竪穴住居《たてあなじゅうきょ》跡五八〇棟、長さが一〇メートルをこえる大型竪穴住居跡一〇棟、掘立柱《ほったてばしら》建物跡一〇〇棟、子どもの墓八〇〇基、大人の墓一〇〇基などが、それぞれの空間を異にしながら出土したのです。

とくに一九九四年の夏、直径一メートル近いクリの巨大な柱の根元が六本、それも一間×二間に整然と配置されて発見され、高さ二〇メートルもの高層建物が想定されました。マスメディアはこぞって、これまでの縄文時代観が一変したとか、三内丸山遺跡が「縄文都市」であったと報道し、「縄文ブーム」が巻きおこったことは記憶に新しいことです。

こうした三内丸山遺跡などの発見によって、野蛮だという縄文時代のイメージは払拭されました。

しかし、縄文時代に「都市」があったとか、エジプトなどの四大文明に等しい「縄文文明」があったとなると、はたしてそういえるのでしょうか。しかも、社会科の教科書のなかには「巨大な縄文のむら」の想像図があって「人口が多いときには五〇〇人も住んでいた」と記述されているものもあります。本当に「縄文都市」があったのでしょうか。遺跡での新たな発見、あるいは**考古資料***（遺物・遺構・遺跡）の解釈のしかたによっては、縄文時代の歴史像というものがまったく違ったものとなってくるのです。

そこで、縄文時代を考察するための基礎的なテーマを選んで、最新の考古学や関連する諸科学の成果をもとに、ガイドしたいと思います。

＊**考古資料**
遺物は、土器や石器、金属器などの道具のように、もち運びできる「動産」的な資料。
遺構は、竪穴住居跡や貯蔵穴、墓穴など大地に刻まれていて、もち運びできない「不動産」的な資料。
遺跡は、遺物と遺構が組み合わさって、集落跡や墓地跡、生産跡など一定の機能や役割をもった場所。

❺ 鳥浜貝塚 早・前期の低湿地の遺跡で、丸木舟、弓、石斧柄、鉢、櫛などの木製品や編み物などの繊維製品のような有機質の遺物が豊富に出土し「縄文のタイムカプセル」とよばれる。福井県

鳥浜貝塚の位置

ベンガラ塗りの土器

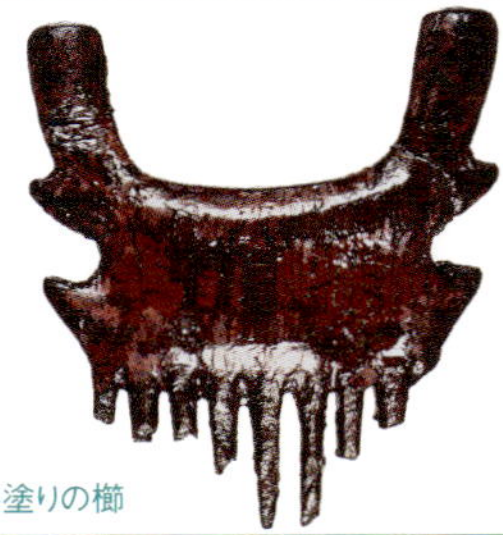

赤漆塗りの櫛

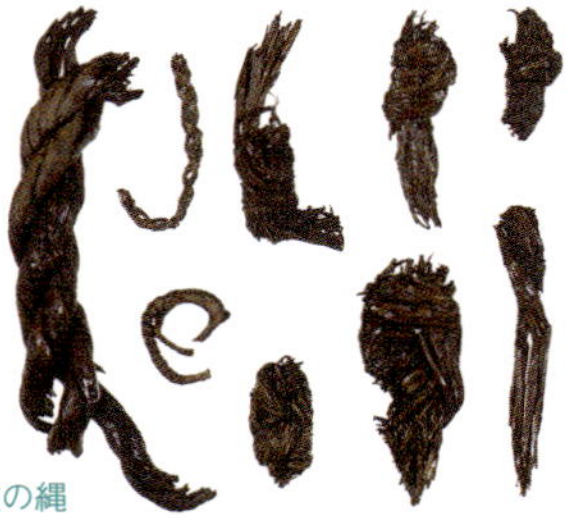

各種の縄

❻ 三内丸山遺跡 前期中葉から中期末葉の拠点的な大規模集落跡で、1994年夏に直径約１ｍの巨大な柱根6本が１間×２間に整然と配置されて検出されると、「縄文ブーム」に火がついた。青森県

6本の巨大な柱根

三内丸山遺跡の位置

巨大な柱根の検出状況

子どもの墓に使われた土器

01 縄文時代の発見

日本列島にヨーロッパの新石器時代に相当する縄文時代の存在を明らかにしたのは、アメリカの動物学者であるモース（Edward Sylvester Morse）である。1877年に日本近海の腕足類を研究するために来日したモースは、今日の京浜東北線の大森駅近くの線路の切通しで貝塚を発見。日本列島にも新石器時代が存在することを証明した。

❶ **E. S. Morse**
（1838 ～ 1925）
大森貝塚の発見者

丸木舟の一部

❷ **大森貝塚の発掘風景**　1877年10月9日の鉄道敷地内での本格的な発掘調査を描いた石版画。

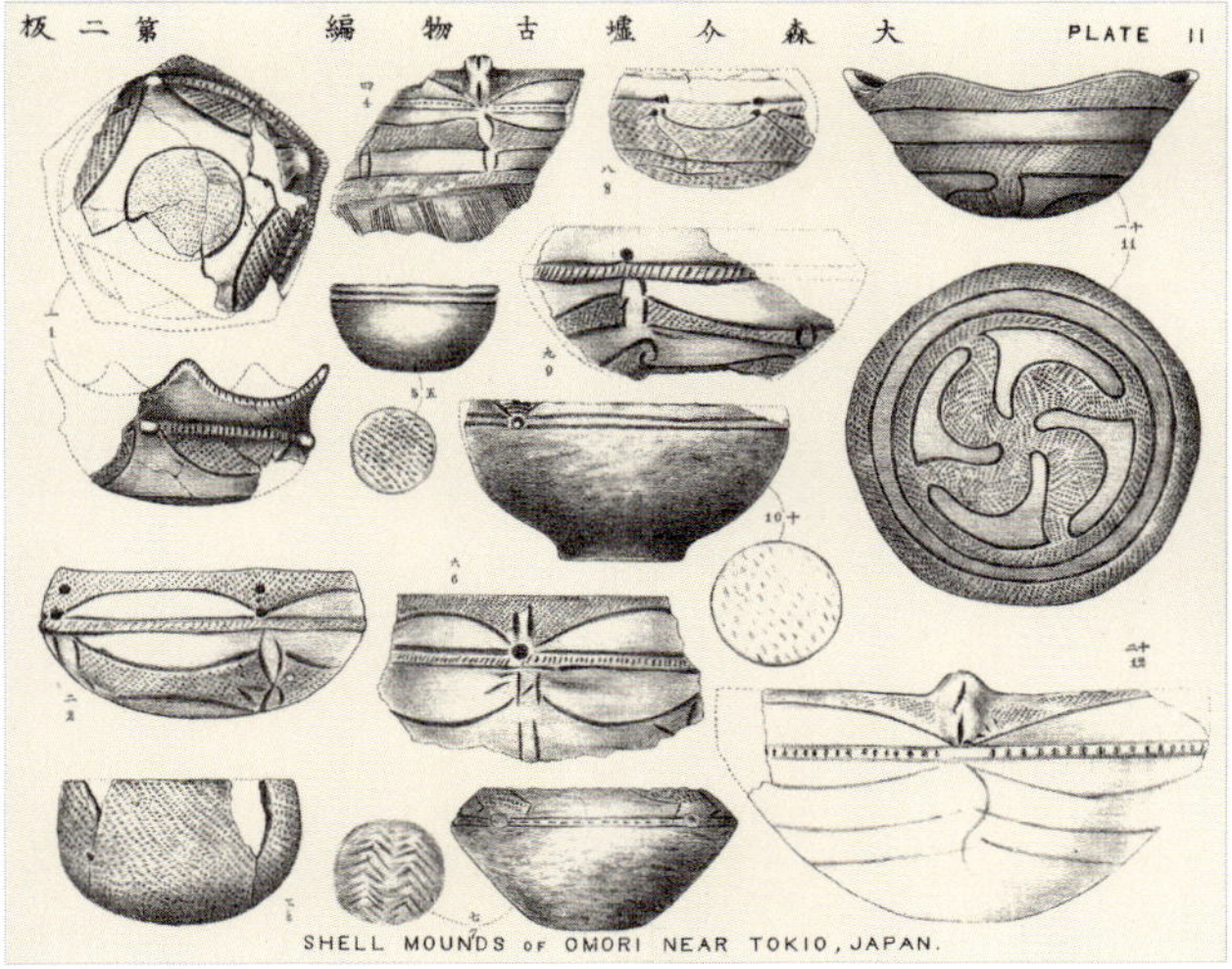

❸ **モースの報告書の図版**　土器などの遺物は、正しい製図法にもとづいて正確な図に描かれている。

❹ **縄文土器**　モースは、大森貝塚から出土する土器が縄目文様をもつことに注目し、“cord marked pottery”とよんだ。

02
縄文時代はいつからか

「縄文時代は、いつからはじまるのですか」

これは、じつに悩ましい問題です。旧石器時代と縄文時代の画期を何に求めるかによって、そのはじまりは違ってくるからです。

もっとも一般的な説は、日本列島における「土器」の出現をもって、縄文時代とするものです。これは土器が縄文時代において独自の発達をとげただけでなく、旧石器時代にはない煮炊き用の道具を列島の石器時代人が手に入れることによって、生活の仕方を根本から変えるような変革をもたらしたとの評価からです。現在のところ青森県の大平山元《おおだいやまもと》Ⅰ遺跡の土器が最古ですので、その土器に付着した炭化物の放射性炭素年代（較正年代）から約一万六〇〇〇年前が縄文時代のはじまりということになります。

二つ目の説は、土器が列島に普及した時期をもって縄文時代とするものです。これは出現期の土器は、出土する遺跡が限られているだけでなく、その数量もきわめて少ないことから、土器が本格的に普及する**隆起線文系土器**《りゅうきせんもん》*の時期を縄文時代のはじまりとするもので、約一万四五〇〇年前ということになります。

三つ目の説は、植物質食料の加工技術や貝塚の出現などに象徴されるように、植物採取・

＊**隆起線文系土器**
口縁部や胴上半部に一ないし数条の細い粘土紐を貼りつけた線状の文様を特徴とする。

狩猟・漁労活動における縄文的な利用の手段と技術が確立し、定住生活が本格化する関東地方の土器編年でいう**撚糸文系土器**《よりいともん》*の時期を縄文時代のはじまりとするものです。この場合には、約一万一五〇〇年前ということになります。

これらの説の「いずれが正しいのか」と問われれば、すべてが正解と答えざるをえません。それは個々の研究者が縄文時代の歴史をどうみるか、つまり歴史観によって正解が決まってくるからです。本書は、三つ目の撚糸文系土器の時期から縄文時代のはじまりとする立場をとっていますが、そのもっとも重視する理由の一つは世界史との比較です。

約一万一五〇〇年前は、最後の氷期である**更新世**《こうしんせい》*が終わり、今日の温暖な気候となる**完新世**《かんしんせい》*の初頭にあたります。西アジアの肥沃な三日月地帯を含むレヴァント地域ではコムギやオオムギ、東アジアの長江中・下流域ではイネ、黄河中・下流域ではアワやキビなどの穀物が栽培化され、初期農耕が開始されます。その一方で、森林資源や海洋資源が豊富な地域では、それぞれの地域の自然資源を有効に管理し、特色ある地域文化を発展させます。

こうした完新世の気候の温暖化のもとで、新しく形成された環境に適応した人類が、高度に集約化した獲得経済や農耕・牧畜による生産経済を開始することによって、各地で特色ある地域文化を発展させた時代が新石器時代にあたります。

この新石器時代に日本列島で開花した地域文化こそが、縄文時代の文化であるとすれば、約一万一五〇〇年前の完新世初頭にあたる撚糸文系土器の時期こそが、世界史との比較からみて、縄文時代のはじまりとしてもっともふさわしいといえるでしょう。

***撚糸文系土器**
棒状のものに巻きつけた撚紐、あるいは縄状の撚紐を器面全体に回転押捺した文様を特徴とする。

***更新世**
地質年代で新生代第四紀前半、地球規模で寒冷化がおこり、南北両極に大規模な氷床が形成された二五八万年から一万一五〇〇年前まで。別に氷河時代とよばれる。

***完新世**
地質年代で新生代第四紀後半、最終氷期が終わり、今日の温暖化がはじまる一万一五〇〇年前から現代まで。現世にあたる。

地質年代	西アジア			較正年代 cal BP	西暦 BC	日本列島			
完新世	青銅器・鉄器時代	古代文明		3,000	1,000		土器区分	晩期	縄文時代
				4,000	2,000			後期	
			文字	5,000	3,000			中期	
	銅石器時代	ウバイド・ウルク	都市	6,000	4,000			前期	
			冶金	7,000	5,000				
				8,000	6,000			早期	
	新石器時代	土器	土器	9,000	7,000				
		先土器（後期）	牧畜	10,000	8,000				
		先土器（前期）	農耕	11,000	9,000	定住			
更新世	旧石器時代	ナトゥーフィアン	定住	12,000	10,000	土器		草創期	旧石器時代
				13,000	11,000				
				14,000	12,000				
		ケバラン		15,000	13,000				
				16,000	14,000		先土器		
				17,000	15,000				
				18,000	16,000				
				19,000	17,000				

❷ 西アジアと日本列島の編年比較　旧石器時代と新石器時代は、地質学的には更新世と完新世、技術的には土器の発明、経済的には農耕と牧畜の開始で区分されると考えられていた。しかし、農耕の発祥地として知られる西アジアで研究が進むと、土器の発明が農耕・牧畜の開始よりはるかに遅れることが明らかとなった。一方、日本列島では、西アジアよりも早くから土器が使用されていながら、農耕ははるかに遅れるというように、考古学的な事象のあらわれ方は、各地できわめて多様であった。

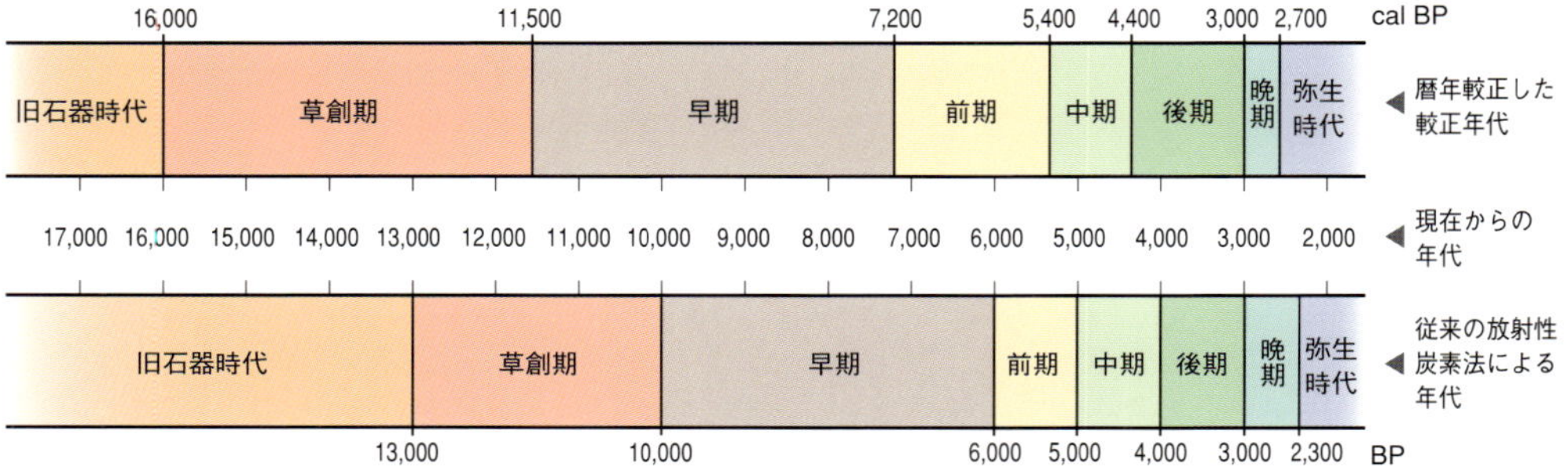

❸ 放射性炭素年代とその較正年代の比較　理化学的な年代測定法で、考古学でもっとも利用されているのが放射性炭素年代。しかし、放射性炭素年代にも誤差が生じるので、それを年輪年代などのより信頼できる年代の物差しで補正したのが較正年代。本書では数値で年代を示す場合には、実年代により近い放射性炭素年代の較正年代を用いる。

02 縄文時代とは

今日の地球規模での温暖化がはじまる約1万1500年前の日本列島に成立し、約2700年前に水田稲作と金属器の使用を本格的に開始する弥生時代まで、植物採取・狩猟・漁労を主な生業活動とする獲得経済（採取経済）の時代を縄文時代とよぶ。

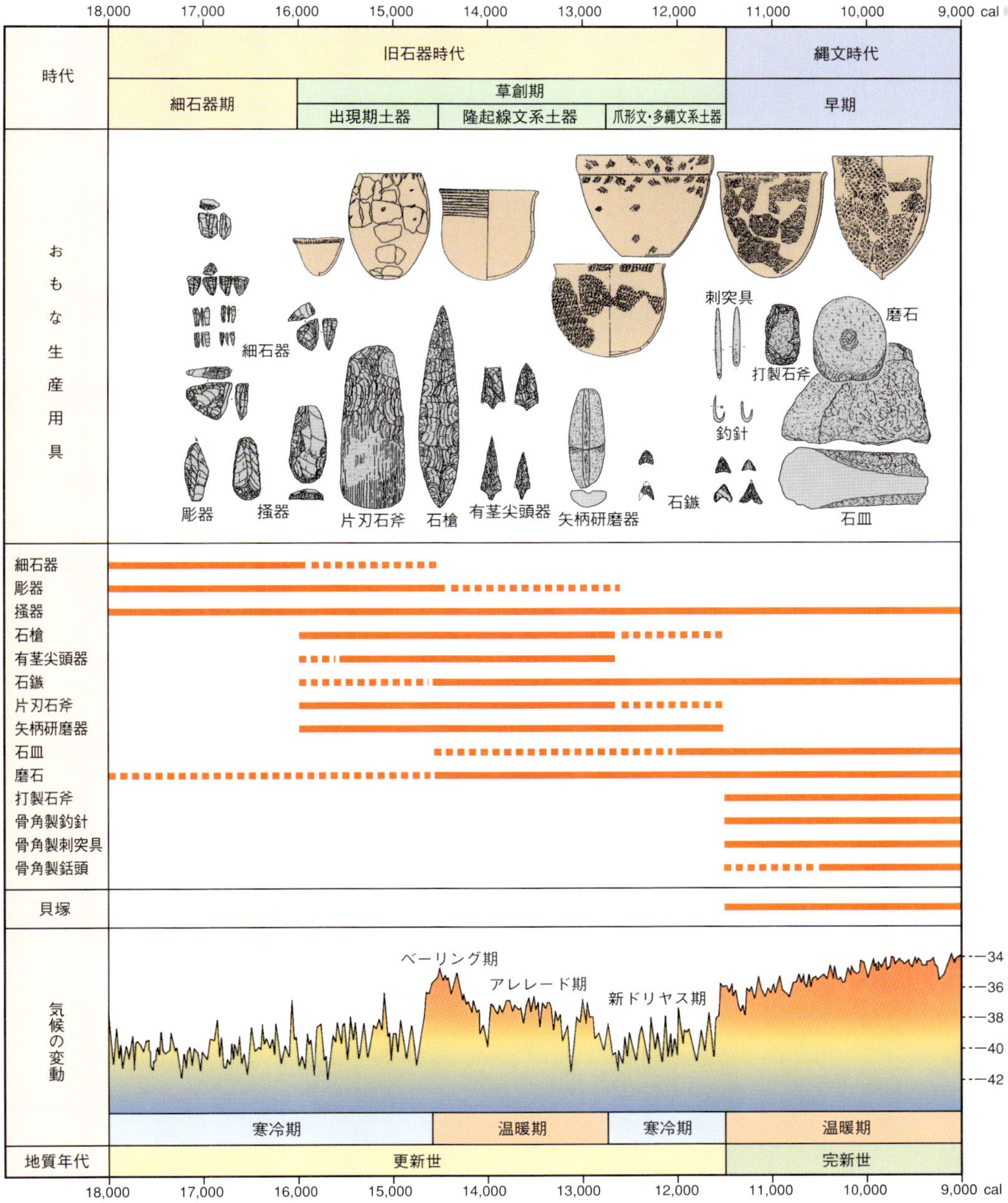

❶ 旧石器時代末から縄文時代初頭の発達の諸段階

03 縄文土器の謎

「なぜ、縄文がついていなくても、縄文土器というのですか」

縄文土器*とは、縄文時代に製作・使用された土器の総称ですので、すべてに縄目文様である縄文が施されているわけではありません。縄文のほかにも、文様を刻んだ丸棒を施文具とした押型文《おしがたもん》、貝殻を施文具とした貝殻文、円形中空の竹管《ちっかん》状のものを施文具とした竹管文、粘土紐《ひも》を貼りつけた隆帯文《りゅうたいもん》、ヘラや棒状の施文具で凹《くぼ》んだ線を描いた沈線文《ちんせんもん》、文様の一部をすり消した磨消文《すりけしもん》などをそれぞれ組み合わせて、多種・多様な文様をつくり出しています。

縄文土器の基本は、食料を調理する煮炊き用の深鉢《ふかばち》形土器です。土器で煮炊きができるようになって、人びとはドングリやトチの実、ワラビ、ゼンマイなどの山の幸、貝類などの海の幸を新たに日常食のメニューに加えられただけでなく、さまざまな食材を組み合わせて、味覚や栄養のレパートリーを広げることができました。そして、なによりも衛生的でした。縄文時代は、土器のおかげで食生活を格段に豊かにすることができたのです。

では、実用の道具である縄文土器に、なぜ、さまざまな文様が施されたのか。その理由は、じつのところまったくわかっていないのです。たとえば、隆帯文が燃え盛る炎のようにみえることから火炎《かえん》土器とよばれている絢爛《けんらん》豪華な文様を施された中期の土器でも、実際に食料

＊**縄文土器**
野天で焼かれた素焼きの土器で、焼成温度は摂氏七〇〇から九〇〇度。

の煮炊きに使われていました。煮炊き用の土器に豪華な文様は必要がないどころか、かえって邪魔なだけです。それでも文様を施したということは、そこに縄文人の心性が働いていたことは想像できますが、それ以上のことはなにもわかりません。

しかし、縄文土器にさまざまな文様が施されていることで、わたしたちは、大事なことを学ぶことができます。それは文様にみられる特徴が、地域ごとに共通していて、かつかなり短期間に変化していることです。そこで、その共通した特徴を「型式」とよび、年代的・地域的に編成し、全国的な編年としてまとめることによって、縄文時代の年代の推移と地域の動きを明らかにすることができます。今日、縄文土器の型式は、年代別、地域別に三〇〇以上にも分けられていますが、大きくみれば、土器の出現期である「**草創期***」を含めて、早期、前期、中期、後期、晩期の六期に分けられています。

縄文時代が成立した早期前半は、関東地方の撚糸文系土器、中部以西の西日本の押型文《おしがたもん》系土器、東北日本の無文・条痕文《じょうこんもん》系土器が三つの大きな分布圏をつくります。前期になると、分布圏は六つ以上に分かれ、文様では縄文が特異な発達をみせます。最盛期となる中期は、分布圏がさらに細分されるだけでなく、北陸地方の火炎土器や中部・関東地方の勝坂《かつさか》式土器に代表されるように、物語性のある装飾文様が発達します。しかし、後期になると状況が一変し、関東地方や西日本の土器が広範囲に分布し、晩期になると再び東日本の亀ヶ岡《かめがおか》式土器、関東地方の安行《あんぎょう》式土器、西日本の黒色磨研系土器の三つの分布圏に戻り、やがて西日本では最新の縄文土器とも、最古の弥生土器とも称される**刻目突帯文《きざみめとったいもん》系土器***の段階に入ります。

＊草創期
山内清男が提唱した縄文土器の六期区分の最初の段階。提唱者の山内は、草創期と早期の境界を撚糸文系土器と押型文系土器との間としたのに対して、小林達雄は、撚糸文系土器までを早期とする。本書では、小林説をとって、撚糸文系土器より早期とする。

＊刻目突帯文系土器
刻み目をつけた一ないし二状の突帯文をめぐらすのを特徴とする。従来は最新の縄文土器とされていたが、今日では、水田跡や農耕具の存在から、最古の弥生土器に位置づけられている。

豆粒文土器

隆起線文系土器

❷「草創期」の土器　日本列島にはじめて出現した土器。文様は簡単で地域差が少ない。縄文時代以前といえる。

押型文系土器

撚糸文系土器

❸早期の土器　土器の底が尖り、地域ごとにいろいろな文様があらわれる。

関山式土器

円筒下層式土器

❹前期の土器　土器の底が平らになり、浅鉢などの種類も増える。北日本では胴長の円筒形をした土器が出現。

火炎土器

藤内式土器（広義の勝坂式土器）

❺中期の土器　口縁に大きな突起や粘土紐を貼りつけるなど装飾文様が発達。縄文は少なくなり、とくに九州などでは、中期を境にほとんど使われなくなる。

中津式土器

称名寺式土器

❻後期の土器　はでな装飾文様はなくなり、全国的に磨消縄文が発達する。

黒色磨研系土器

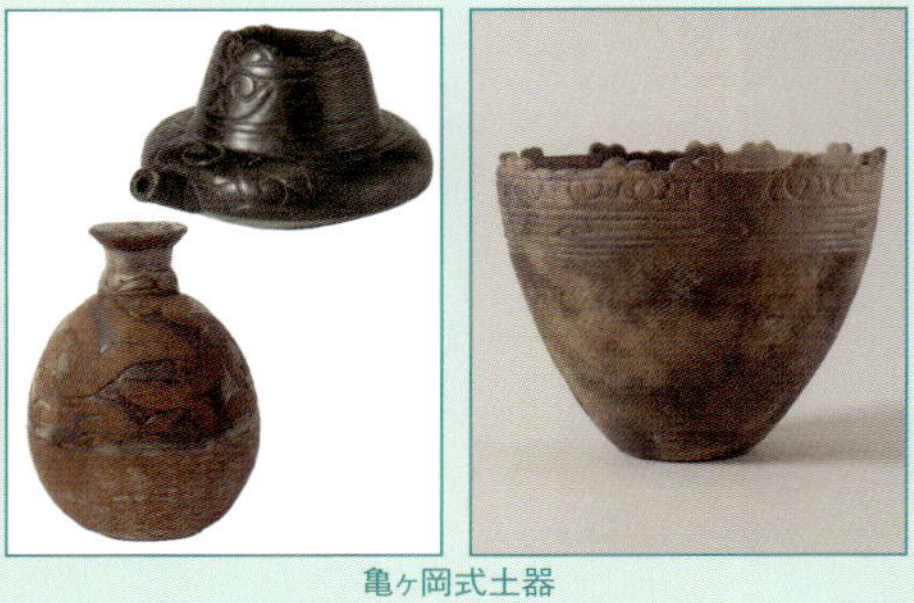

亀ヶ岡式土器

❼晩期の土器　豊富な種類と装飾性に富んだ東日本の亀ヶ岡式土器と、深鉢と浅鉢という単純な種類と装飾性を排除した西日本の黒色磨研系土器が、列島を大きく二分するように分布。

03 縄文土器の編年研究

縄文土器の編年研究は、大正末から昭和に入って、甲野勇、山内清男、八幡一郎らによって進められた。その中心となった山内は、1937年に縄文土器の全国的編年表を作成して発表し、そのなかで縄文土器の変化を早・前・中・後・晩期の５期に大別した。さらに、戦後、山内は「草創期」を追加して６期区分とするが、これが今日、縄文時代の時期区分として広く採用されている。ただし、縄文時代の画期の考え方によって、「草創期」の土器は、旧石器時代の土器ということになるが、本書もその立場をとる。

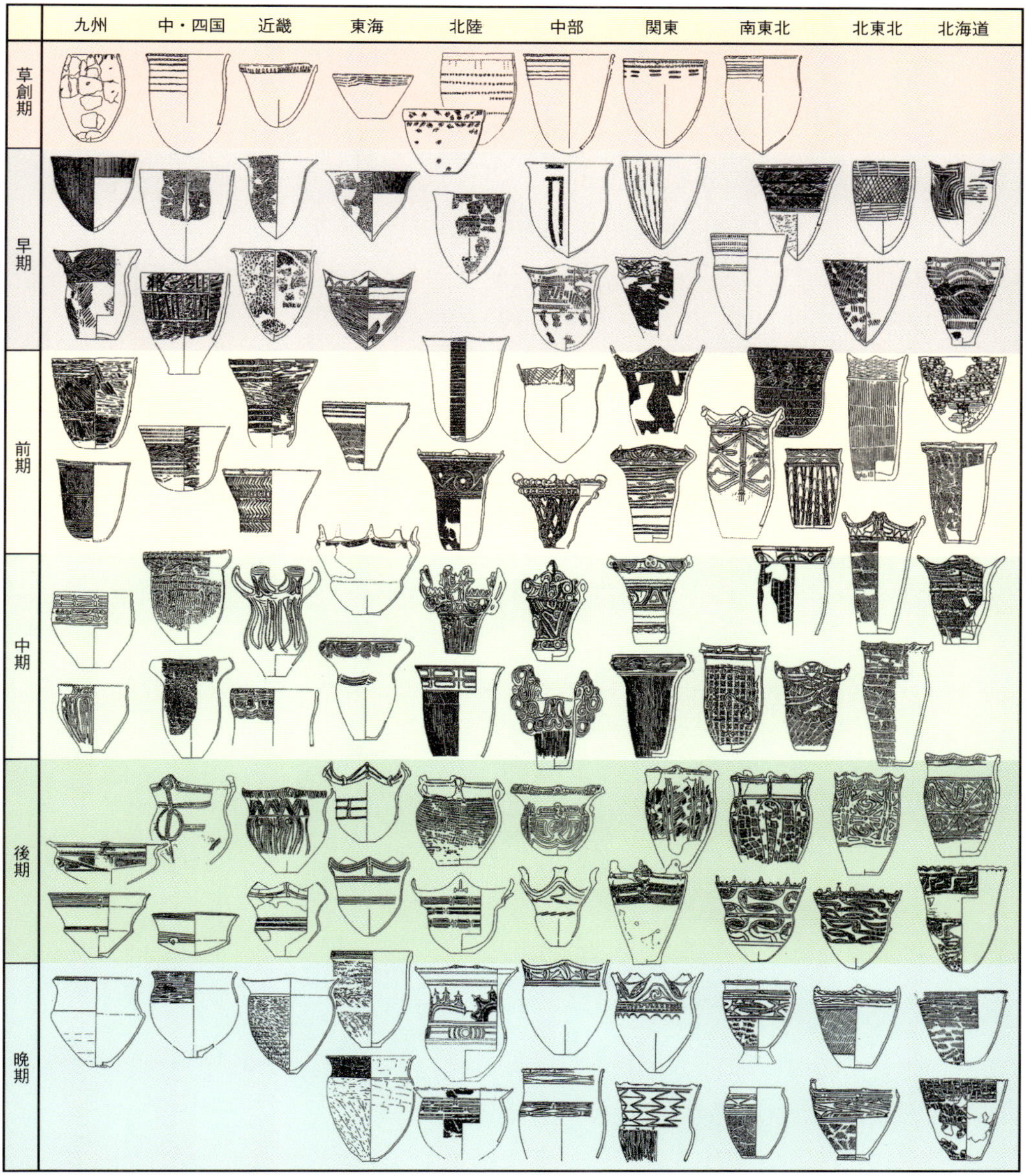

❶ **縄文土器の編年**　型式区分された縄文土器を年代的・地域的に編成し、全国的な編年としてまとめると、縄文土器の年代的な変化と地域的な動きがよくわかる。なお、「草創期」の土器も参考に図示する。

04 縄文人の素顔

縄文人とは、縄文時代の住人ということです。縄文時代は約一万年間もつづき、縄文人は、北は北海道から南は沖縄にいたる日本列島の全域に住んでいました。したがって、縄文人骨にも、年代差や地域差が当然ありますが、全体として縄文人としての共通する特徴も認められます。

縄文人の身長は、一六〇センチ以下と低く、全体平均は男性で約一五九センチ、女性で約一四九センチです。骨格は、全体として頑丈で、筋肉がよく発達し、腕力・脚力とも優れていたことを示しています。

頭はやや丸みを帯びていますが、これは頭骨の幅が大きいことによります。また、頭蓋骨《ずがいこつ》の高さも大きいので、古墳時代など後の列島の住人と比較して、大頭でした。

顔は横幅が広く、頬骨《きょうこつ》も左右に張り出し、顎《あご》のえらも発達していることから、顔全体が四角くごつい感じを受けます。そして、低顔であることから、鼻の幅は相対的に広くなっていますが、鼻梁《びりょう》が高いので、いわゆる鼻ぺチャではありません。また、顎は上下ともよく発達していて頑丈です。

歯は後の列島の住人と比べてやや小さく、歯並びの形はU字形で、上下の歯がしっかりとかみ合っています。上下の歯のかみ合わせは、上下の前歯の先端が毛抜きのようにぴったり合うタイプで、これを鉗子状咬合《かんしじょうこうごう》（切端咬合）といいます。虫歯は北海道の人骨には少ないのですが、本州の人骨には比較的多くみられます。また、歯のすり減り方がはげしいことから、堅い食物を多くとっていただけでなく、歯そのものを皮なめしなどの道具として使っていたと考えられています。

縄文人の寿命は、小林和正が縄文人骨二三五体の推定死亡年齢をもとに、一五歳時での平均余命を求めたところ、男は一六・一歳、女は一六・三歳という結果がえられたということです。これは一五歳まで生きた縄文人は、男女とも平均三〇歳のはじめに寿命を全うしているということです。なぜ、縄文人の平均寿命（〇歳児であと何年生きる）を求めないのかというと、子どもの骨がもろくて残りにくいために、比較的残りがよい一五歳以上の人骨を分析の対象としているからです。ですから、縄文人の平均寿命となると、もっと短く、一〇歳代前半ぐらいではないかと推定されています。ただし、人類の最大寿命は一二〇歳ぐらいですので、当然、縄文人でも長寿の人はいます。なお、最大寿命は、生活環境が改善された現代人でも延びてはいません。

縄文人の祖先はというと、日本列島に居住した**後期旧石器時代人***ということになります。では、後期旧石器時代人はというと、人骨の発見例がきわめて少ないので、縄文人骨から逆にたどるという方法がとられています。最新の**ミトコンドリアDNA***の分析では、朝鮮・中国・シベリアに縄文人と同じ遺伝子をもつ集団が多くいるという見解が示されています。

＊後期旧石器時代人
旧石器時代は、石器の製作技術から前期、中期、後期に区分される。そのうち後期旧石器時代は、石刃技法で特徴づけられ、現代型人類である新人の時代。

＊ミトコンドリアDNA
細胞内の小器官であるミトコンドリアにあって、遺伝情報を担う物質。母親から子に受け継がれるという特性を生かして、人類の起源と系譜の研究などに活用されている。

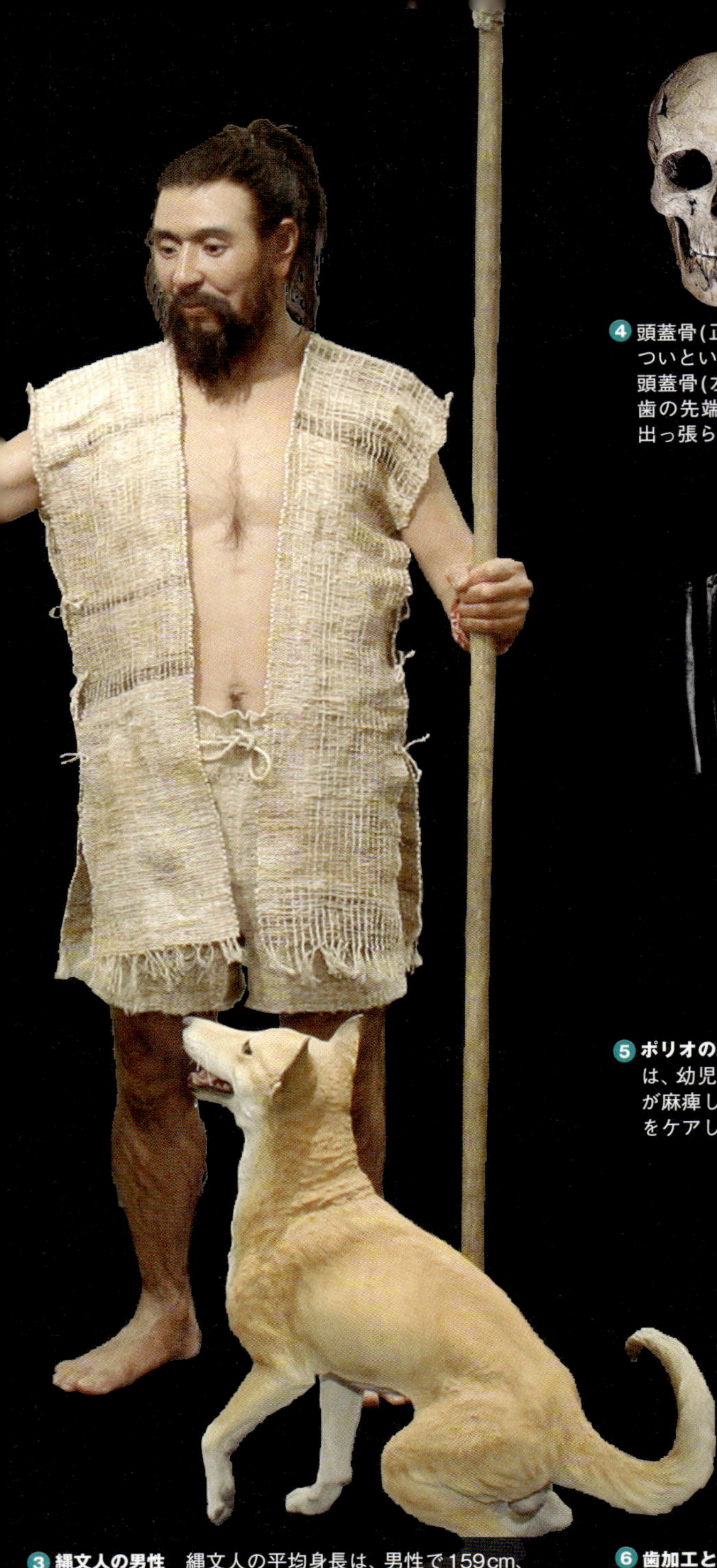

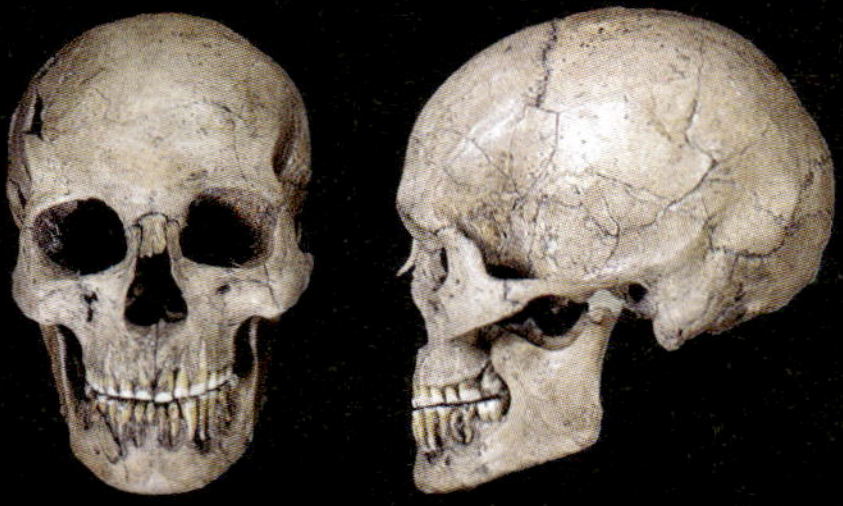

❹ **頭蓋骨(正面)**　顔面が上下に短く、全体に四角くごついという、典型的な縄文人の特徴を備えている。**頭蓋骨(左側面)**　眉間が出っ張り、鼻梁が高い。前歯の先端が毛抜状にぴったりと合うため、口元は出っ張らない。

❺ **ポリオの麻痺がある人骨**　北海道入江貝塚9号人骨は、幼児がポリオと思われる病気で四肢のすべてが麻痺しても、成人まで生きられた。縄文人が弱者をケアしていた証拠。

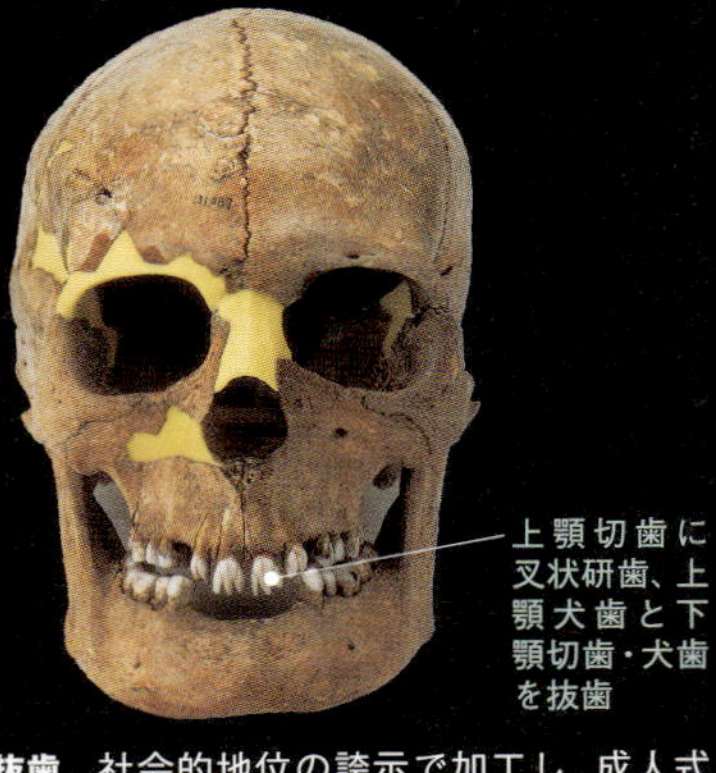

上顎切歯に叉状研歯、上顎犬歯と下顎切歯・犬歯を抜歯

❸ **縄文人の男性**　縄文人の平均身長は、男性で159cm、女性で149cmほどである。この模型は国立科学博物館日本館2階北翼に常設展示されている。

❻ **歯加工と抜歯**　社会的地位の誇示で加工し、成人式や婚姻などの通過儀礼で歯を抜く風習。大阪府国府遺跡

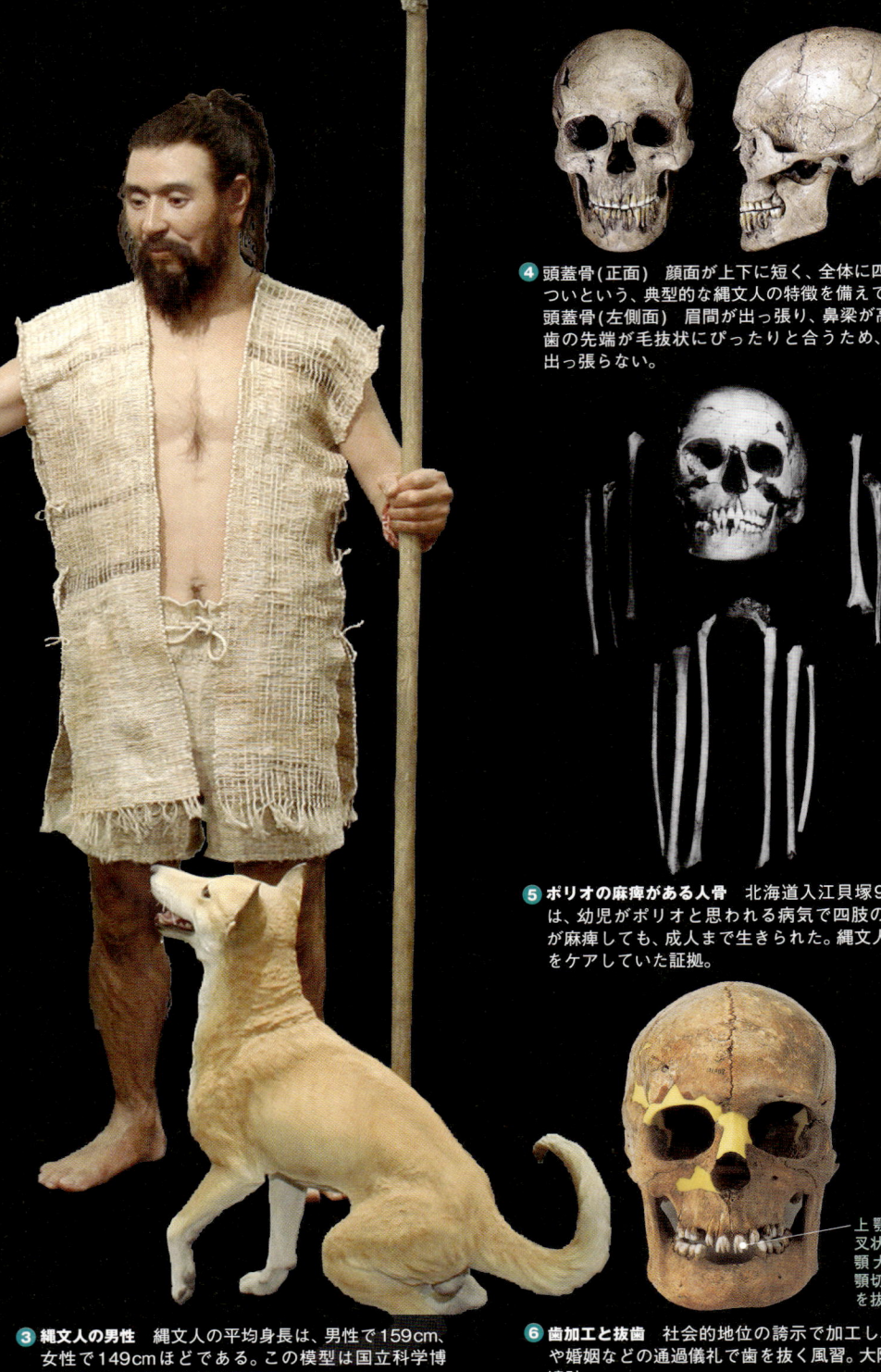

貝塚では、大量の貝殻が土壌をアルカリ性に保つことと、水に溶けた炭酸石灰が保護の作用をして、酸性土壌である普通の遺跡では残りにくい、人骨や獣骨、魚骨などの動物遺体がよく保存されている。とくに縄文人骨は6000体以上発見されて、縄文人の形質だけでなく、性別、年齢、栄養状態、病歴などが明らかとなってきている。

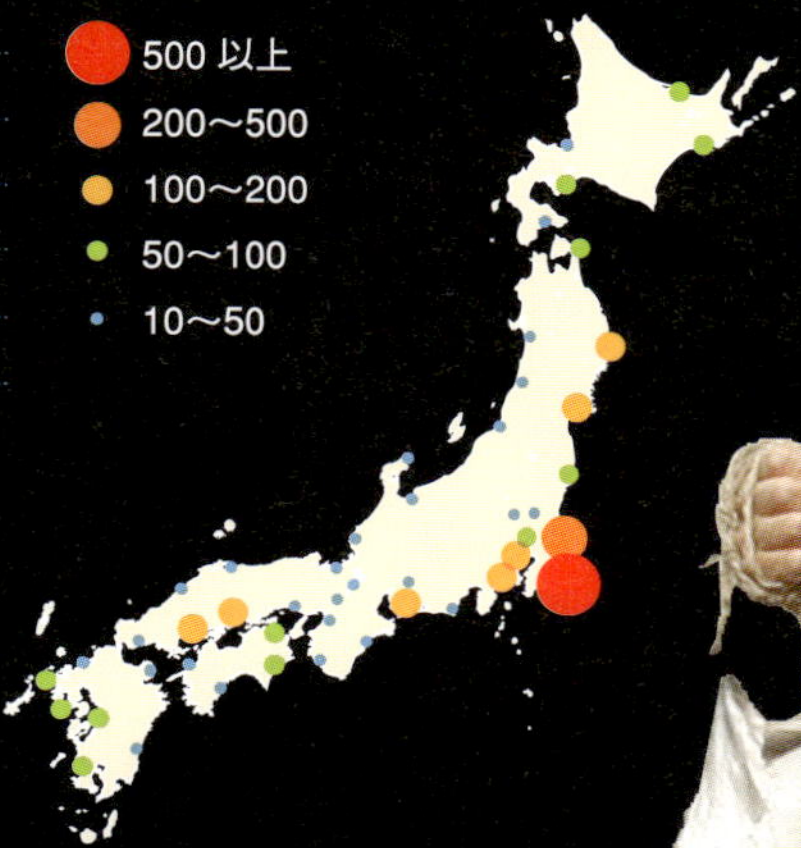

❶ 縄文時代の貝塚分布 縄文時代の貝塚は、全国で約2300カ所が確認されているが、遠浅の砂泥の入江に恵まれた関東地方に、そのうちの65%が集中し、とくに千葉県は30%をも占めている。

❷ 貝塚の発掘 茨城県部室貝塚での発掘調査と検出された縄文後期の埋葬人骨。足を曲げた姿勢の屈葬で、腹のあたりに土器がおかれていた。

05 移動生活から定住生活へ

人類の時代である第四紀は、別に氷河時代ともよばれ、非常に寒冷で氷河が発達する氷期と、温暖で氷河が後退する間氷期が交互にくり返される、きびしい気候変化に見舞われた時代です。そして、最初の氷期から最終の氷期、ヨーロッパの氷期区分でいうヴュルム氷期まで、少なくとも一一回の氷期があったことが明らかにされています。

氷期の日本列島の植生は、今日とは大きく違っていて、北海道は森林ツンドラ、本州は針葉樹林が主体となるという、荒涼な環境が支配していました。しかも、列島を大陸から区切る海峡は、氷期の最盛期にはいくどか**陸橋***となり、その陸橋を北からマンモスやヘラジカ、バイソン、南からナウマンゾウやオオツノジカなどの大型の哺乳動物が渡ってきました。こうした大型の哺乳動物は、季節ごとに大きく移動をくり返すことから、それらを狩猟対象とした列島の後期旧石器時代人も、必然的に移動をくり返す生活を送っていました。

ところが、ヴュルム氷期の最盛期が過ぎて、晩氷期とよばれる約一万六〇〇〇年前から一万一五〇〇年前の気候は、短期間に寒・暖がおこり、氷期への逆戻りともいえる寒冷気候が再来し、さらに数十年で温暖期へと入れかわって、今日までつづく完新世の時代をむかえます。この晩氷期の地球規模で起こったはげしい気候変動の影響で、日本列島では大型の哺乳

＊**陸橋**
日本列島を大陸から区切る海峡が、氷期の海水面の低下で陸つづきになり、人や動物などが渡れたことを、陸の橋にたとえた言葉。

動物が絶滅し、それらにかわってシカやイノシシなど中・小型の哺乳動物が生息域を広げていきました。中・小型の哺乳動物は、大型の哺乳動物のように季節ごとに大きく移動をくり返さないので、しだいに列島の旧石器時代人は定住化の傾向をみせることになります。

　一方、氷期の寒冷気候の植生も、気候の温暖化によって徐々に北へと後退していき、その後を追うように、西南日本の海岸地帯から落葉広葉樹林、その南から照葉樹林が広がっていきました。そして、今から約一万一五〇〇年前の完新世の初頭には、北海道をのぞいて列島の多くが落葉広葉樹林と照葉樹林でおおわれる、今日の植生ができあがります。

　この落葉広葉樹と照葉樹の森林では、コナラやクヌギなどのドングリ類、トチノキ、クリなどの堅果類が豊富な実をつけます。しかし、こうした堅果類の多くは、クズやワラビなどの根茎類とともに、天然の生デンプンの結晶構造とアクのために、そのままでは食べることができません。堅果類や根茎類を食用として利用するためには、**石皿**《いしざら》*や磨石《すりいし》などの製粉具と加熱処理するための土器が必要となります。しかし、石皿や土器などは携帯するには不向きです。こうした道具を使いこなすために、定住することが求められるようになります。

　さらに、定住化の傾向は、それまで食料資源として利用してこなかった水産資源にも眼を向けることになります。その歴史的な出来事の一つが、**貝塚***の出現です。

　こうして、完新世に向かう環境の変化に対応して、植物採取・狩猟・漁労活動における縄文的な技術が確立しました。日本列島の四季の変化に対応した食料獲得が容易となり、人びとは本格的に定住生活をはじめることになります。縄文時代の幕開けです。

＊石皿
　扁平な礫の中央に浅い凹みがあって、石でできた皿に似ていることから名づけられた考古学用語。磨石を用いて、凹みで堅果類の種実や顔料などを製粉した道具。
　この石皿のように、考古学用語の多くが幕末から明治期に使われた用語を踏襲していることから、用語のもつ意味と実際の用途とが一致しないものが多数ある。

＊貝塚
　最古の貝塚である神奈川県の夏島貝塚からは、マグロやカツオなどの外洋性の魚類から内湾性の魚介類まで出土し、縄文人が積極的に海洋資源の開発に乗り出していたことを知ることができる。

大型の竪穴住居跡

小型の竪穴住居跡

墓穴の可能性がある土坑

土器と植物採取・加工具

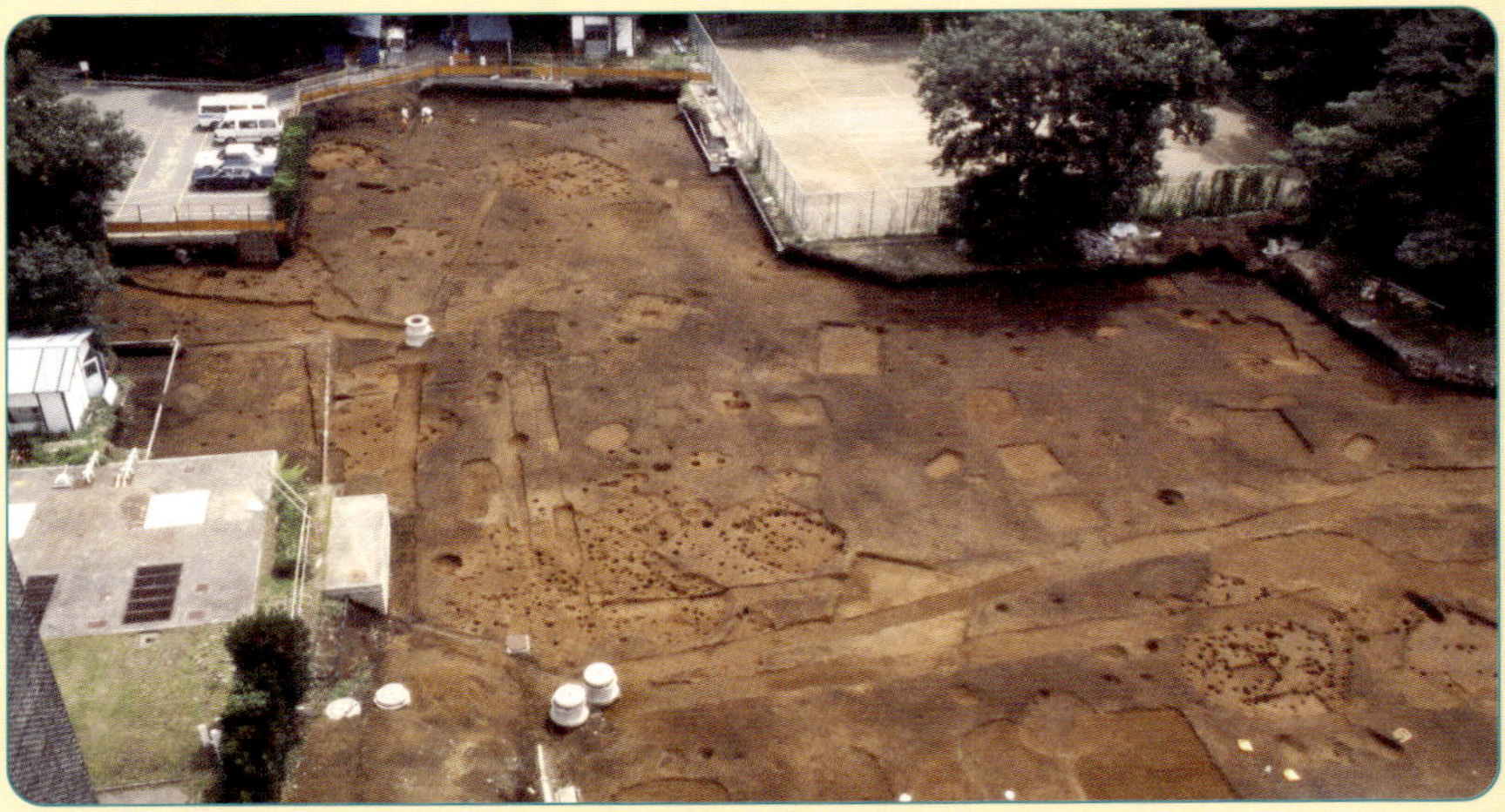

発掘された竪穴
住居跡群

②武蔵台遺跡　早期初頭の33棟の竪穴住居跡と30基の土坑が広場を囲むように配置された最初の定住集落跡の一つ。土器や石皿、磨石など定住生活を支えた重くかさばる道具が多数出土した。東京都

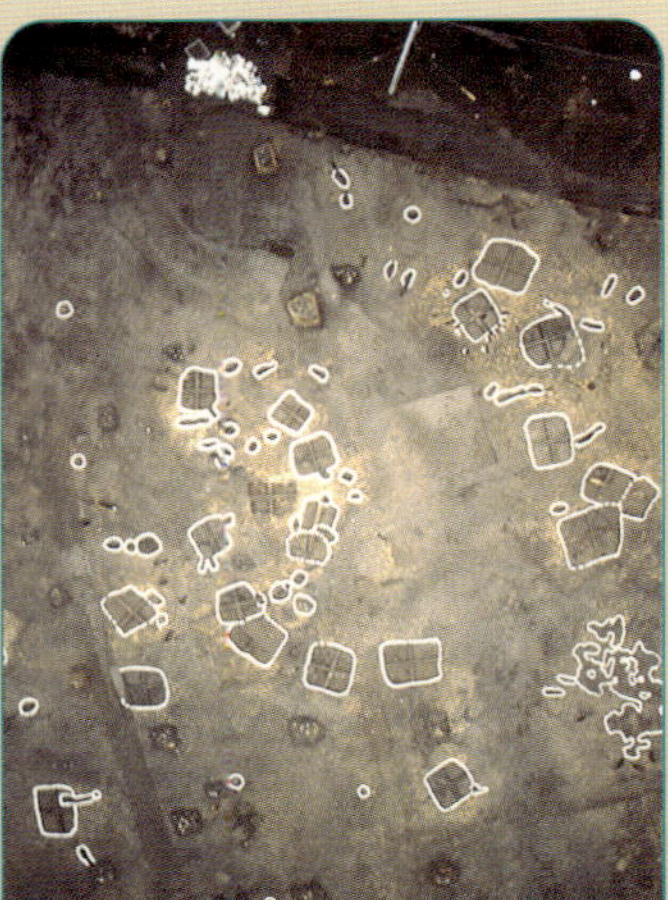

発掘された竪穴住居跡（中心部）

住居の発掘状況

復元された上野原遺跡の縄文集落

③上野原遺跡　早期初頭の52棟の住居跡と多数の土坑や集石などからなる南九州地方の最初の定住集落の一つ。桜島起源のP13火山灰の堆積状況などから、一時期に6棟前後の住居で集落が構成されていたと想定されている。鹿児島県

05 定住革命

旧石器時代人は、獲物を求めて移動をくり返す生活を送っていたことから、大地に大きな穴を掘る竪穴住居などは不要であった。「草創期」になっても、竪穴住居が一般的でなかったことは、発見数の少なさから明らかである。ところが、縄文時代早期には、竪穴住居跡が発見される遺跡が増加するだけでなく、複数の住居が広場を囲むようになる。定住集落の出現である。

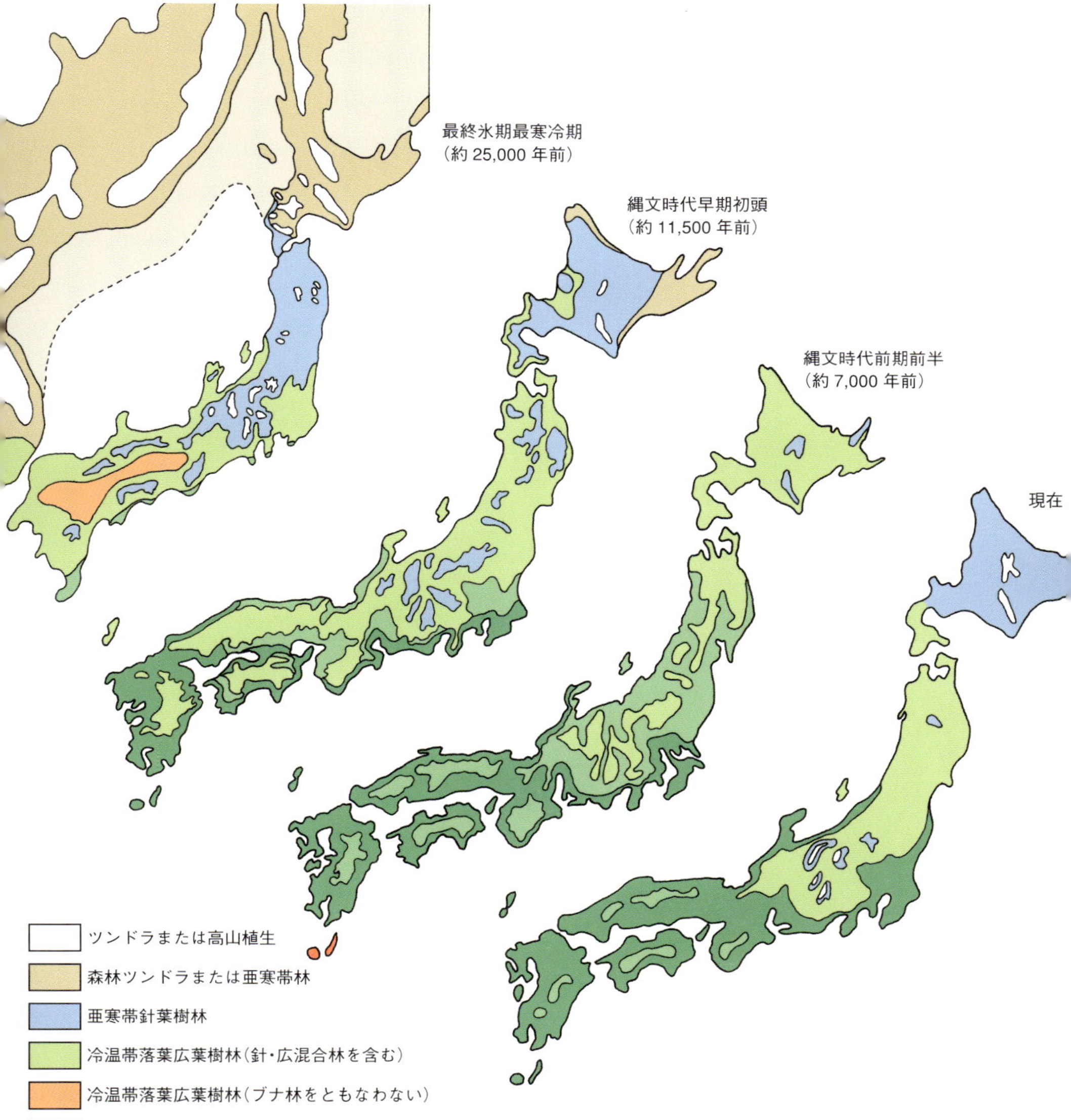

❶ **最終氷期最寒冷期以降の植生変遷**　北海道の一部をのぞいて、その多くが落葉広葉樹林と照葉樹林でおおわれる今日の日本列島の植生ができあがったのは、今から約1万1500年前の完新世の初頭で、ここに縄文人が活躍する舞台が用意された。

06 縄文人の道具箱

縄文人がどのように生活していたのかは、縄文人の使った道具が雄弁に語ってくれます。彼らの道具箱を覗いてみることにしましょう。

縄文人の道具といえば、その時代名称の由来となった縄文土器があります。土器の用途には、大きく煮炊き用と貯蔵用の二つがありますが、早期までは、もっぱら煮炊き用の深鉢形土器が使われています。前期になると、浅鉢、台付鉢などが加わり、中期には器形が豊富になり、とくに後・晩期には簡潔な文様の粗製の深鉢とともに、華麗な文様で飾られた深鉢、浅鉢、皿、壺、あるいは土瓶《どびん》のような形をした注口《ちゅうこう》土器などが使われるようになります。

縄文時代を代表するもう一つの道具が弓矢です。弓矢は、弓の反発力と弦《つる》の張力を利用した狩猟用の飛び道具です。弦こそ発見されていませんが、弓と矢尻である石鏃《せきぞく》が発見されています。とくに石鏃は列島各地から豊富に出土していますので、弓矢が縄文人の主要な狩猟具であったことがわかります。

縄文人の道具箱のなかでも、もっとも地味なのが打製石斧《だせいせきふ》です。砂岩や安山岩などの手ごろな大きさの礫を打ち割って、短冊《たんざく》や分銅《ふんどう》、撥《ばち》のような形につくります。石斧とよばれていますが、鋤《すき》のように長い棒状の柄の先や鍬《くわ》のように曲がった柄につけ、土を掘る道具として使いました。ヤマノイモなどの根茎類を掘るのに使っただけでなく、竪穴住居の床や柱穴、ドングリなどを保存する貯蔵穴、動物の罠《わな》を仕掛けるための落し穴を掘るなどというように、定住生活をはじめた縄文人にとっては、その当初から必需品の一つでした。

日本列島の山野に豊富な実をつけるトチやドングリなどの堅果類、クズやワラビなどの根茎類など植物質食料を製粉するのに使ったのが、石皿、磨石、敲石《たたきいし》、凹石《くぼみいし》とよばれる道具です。植物質食料の多くはアクがありますので、効果的にアクを抜くために製粉します。また、製粉することによって、ほかの食料品と練り合わせて、栄養価が高く、かつ美味な加工食品をつくることもできます。

漁労具では、骨角製の釣針《つりばり》があります。これは早期の初頭に、すでに二センチ前後の非常に精巧なものが使われています。早期の末葉になると、大小の釣針が使われるようになりますが、とくに中期の後半以降、三陸海岸や磐城海岸などで軸と針を別につくった一〇センチ以上にもなる大型の釣針など多種類のものが使われるようになります。一方、ヤスと銛《もり》のうち、ヤスは早期の初頭から内湾や内水面漁業の漁具として使われています。それに対して、銛は中期の後半以降、三陸海岸や磐城海岸で**回転銛***など機能性に優れたものが、外洋性漁業の漁具として使用されています。また、漁網は愛媛県の船ヶ谷《ふながたに》遺跡で晩期のものが唯一発見されているだけですが、土製（土錘《どすい》）や石製（石錘《せきすい》）の網の錘が各地から発見されていますので、その存在を知ることができます。

そのほか、木材加工具である磨製石斧や削器《さくき》、石錐《せきすい》など各種の道具があります。

＊**回転銛**
銛が突き刺さると銛頭が柄から離れ、銛頭に結んだ綱を引くことで、銛頭が九〇度回転して獲物から離脱しない仕掛けをもつ銛。

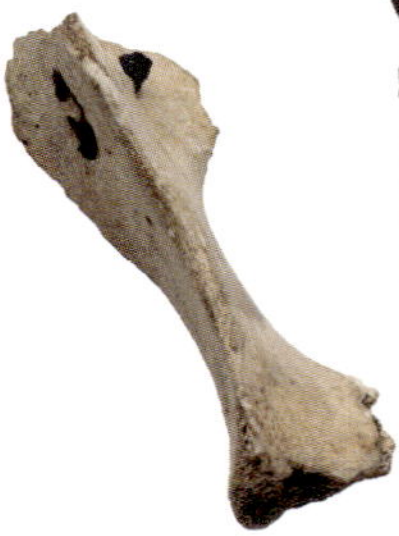

石鏃が刺さったシカの腰骨
（静岡県蜆塚貝塚）

狩猟文土器（青森県韮窪遺跡）

矢柄に装着された石鏃
（埼玉県寿能遺跡）

❷ 弓矢と狩猟文土器　弓矢は、弓、弦、矢からなる。矢は、矢柄と矢尻からなる。弦こそ発見されていないが、弓と矢柄に矢尻である石鏃が装着されたものが埼玉県の寿能遺跡などで発見されている。また、石鏃が刺さった獣骨が静岡県の蜆塚貝塚などで発見されているだけでなく、弓矢で狩猟している文様が描かれた狩猟文土器からも、縄文人が弓矢を狩猟具としていたことがわかる。

❸ 土掘り具　打製石斧は、使用痕や着柄痕などの観察から、柄につけて土掘り具として使ったことがわかる。

❹ 製粉具　石皿と磨石は、使用痕と付着物の観察などから、ドングリなどの植物やベンガラなどの鉱物の製粉具として使ったことがわかる。

弓と矢筈の拡大（埼玉県寿能遺跡）

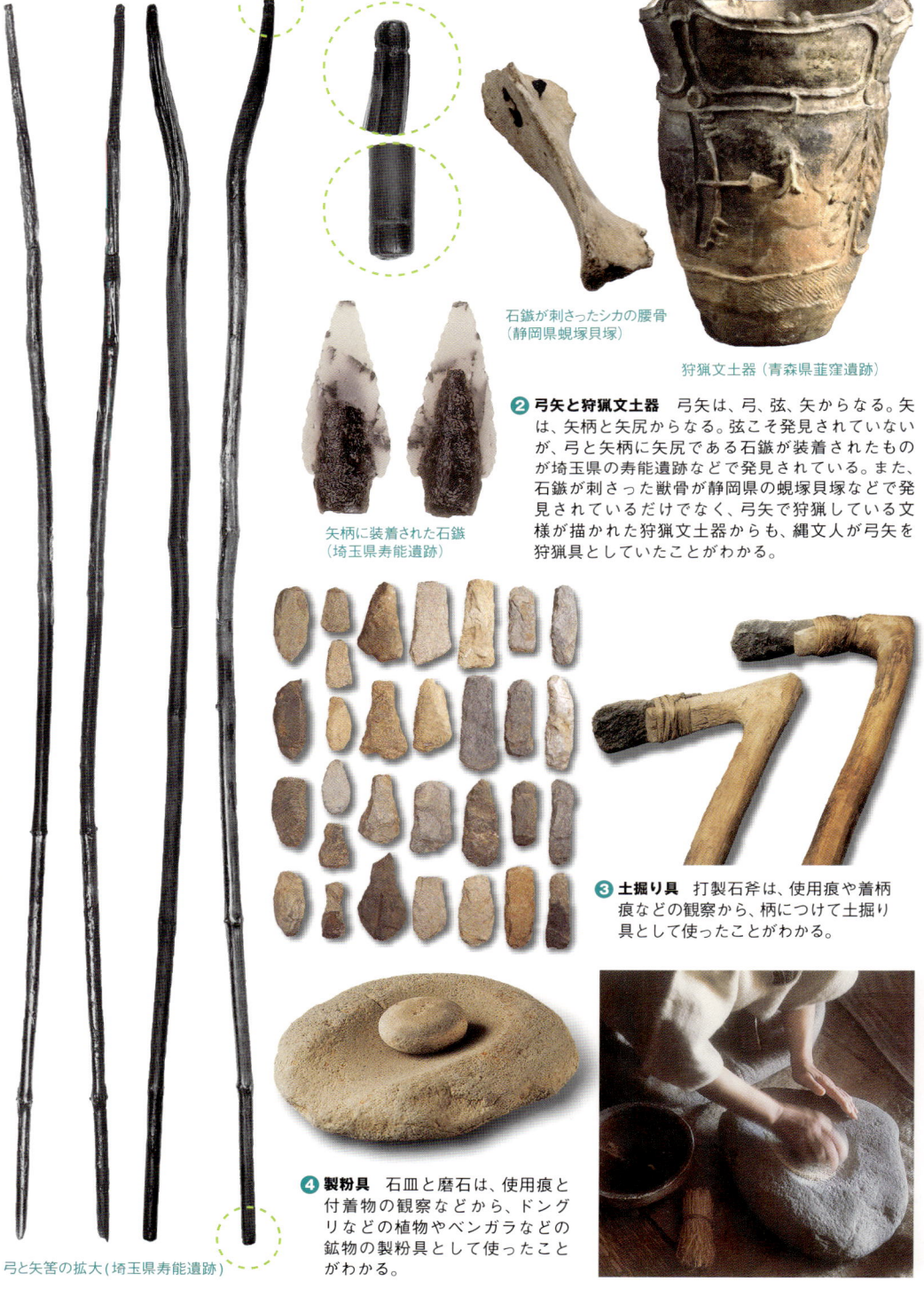

06 道具の用途を考える

考古学者は、縄文人が残した道具を材質や形態にもとづいて分類し、名前をつける。それは、現在の私たちが使用したり、身の周りにある資料、あるいは過去に使用されたもので、用途が明らかとなっている資料などというように、あくまでも私たちの知見にもとづいている。当然、縄文人の道具の認識とは異なることも考えられるので、考古学者は、分類し、名前をつけた道具に残された使用の痕跡（使用痕）や道具の使用方法、あるいは道具が使用された対象物を観察することで、その道具の用途、あるいは機能を考える。

煮炊き用に使われた藤内式土器（広義の勝坂式土器）

内面のお焦げは、レプリカの土器を煮炊きした際の使用痕。

煮炊き用に使われた藤内式土器（広義の勝坂式土器）

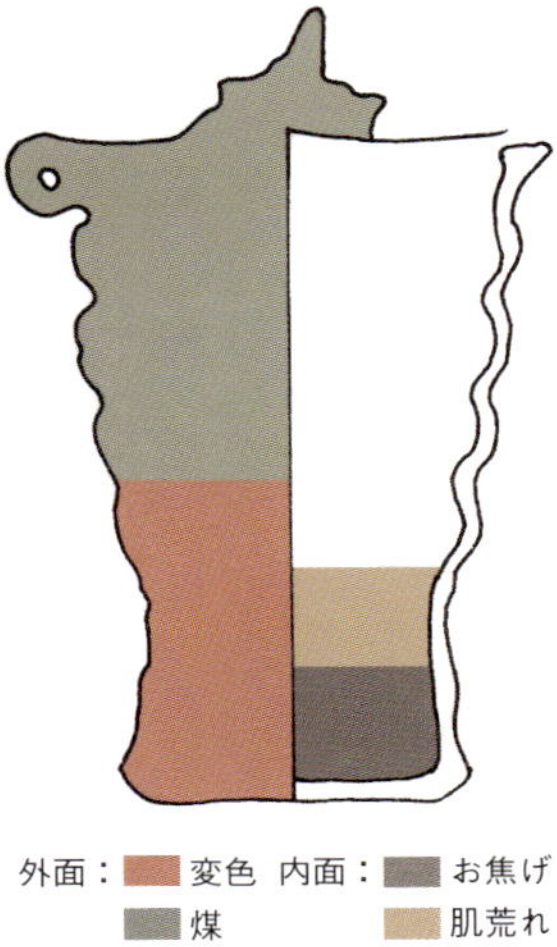

実際の煮炊きの様子

❶ 縄文土器の用途　縄文土器の主要な形は深鉢で、その用途は主に煮炊き用だ。外壁の胴部の下半が焼けて変色しているのに対して、口縁から胴部の上半に煤や炭化物が付着しているものがあったり、内壁に付着しているお焦げなどから、火の加熱によって、内容物が煮炊きされたものと考えられた。縄文土器のレプリカをつくり、実際に煮炊きをして、使用痕を実験的につくってみると、同様の使用痕が観察された。

07 縄文の四季と生業

完新世である今日の日本列島は、一年が春、夏、秋、冬という季節の移り変わりがあります。そして、四季の変化に応じて、植物も動物も生活を変えます。完新世に向かう環境の変化のなかで、植物採取・狩猟・漁労という三つの生業部門における利用の手段と技術を確立させるとともに、それら三つの生業部門を組み合わせることによって、縄文人は列島の四季の変化に対応し、これを巧みに利用する生活をしていました。

春―山菜つみと貝の採取　春になると、集落のまわりの野山にはフキやワラビ、ゼンマイ、ノビルなどの山菜や、タラノキなどの新芽がめぶきます。長い冬の間、新鮮な味にありつくことができなかった縄文人にとって、春の訪れとともにはじまる山菜つみは、待ちこがれた楽しみであったでしょう。また、水が温んだ海辺ではハマグリやアサリ、河口付近や汽水湖ではヤマトシジミなどの貝の採取が盛んとなります。

夏―海と川の漁　夏は漁労がもっとも盛んになる季節です。貝塚から出土する魚骨のなかでもっとも多いのがマダイ、クロダイ、スズキです。マダイは成長するにしたがって生活を沖のほうに変えますが、春から秋に産卵のために岸の近くにやってきます。クロダイもマダイと同じように季節的に移動して、春から秋に産卵のために岸の近くにやってきます。スズキはマダイなどと違って、冬に越冬と産卵のために海の深いところに移動し、春から秋にかけて餌《えさ》を求めて浅いところにやってきます。こうした魚の習性からも、縄文人が夏に盛んに漁をしていたことを知ることができます。

一方、川では産卵のために、初夏になるとマスが川を上ってきますが、このマスも縄文人にとっては大切な食料となりました。夏は海と川の漁の季節であったのです。

秋—木の実の採取と川の漁　秋は木の実がみのるときです。落葉広葉樹林ではトチの実やナラなどのドングリ類、照葉樹林ではシイの実やカシなどのドングリ類、さらに集落の周囲の雑木林ではクリやクルミが、たくさんの実をつけます。この堅果類は保存することができ、栄養価も非常に高かったために、縄文人のもっとも重要な食料資源となりました。また、ヤマノイモやクズ、ワラビなどの根茎類も、秋を告げる食料でしたし、さらにはわずかでしたが**栽培植物***も利用されていました。

一方、川では産卵のために、大量のサケが川を上ってきます。サケは動物性タンパク質として、干物《ひもの》や燻製《くんせい》にされ、長い冬を支える大切な食料となりました。食料が乏しくなる冬を乗り切れるかどうかは、この秋の労働にかかっていたのです。

冬—狩り　シカやイノシシなどの動物は、長くてきびしい冬を乗り切るためには、秋の実りをたっぷりと食べておかなければなりません。そのために晩秋から冬の動物の肉は、脂がもっとものっていました。また、森林の下草が枯れた冬は、獲物をとらえるのにも適していました。冬は縄文人にとって狩猟の季節だったのです。

***栽培植物**
野生種のなかから人類の生活に有用なものを積極的に保護したり、交雑による品種の改良などをへて栽培種となった植物。縄文時代にもアサ、アブラナ、ウリ、エゴマ、ゴボウ、ヒョウタンが前期以前に、栽培ダイズやアズキ、ヒエに相当する大きさの穀物が中期以降の遺跡から確認されている。

❶ 縄文カレンダー　縄文時代全般を総体化したもので、南北に細長く、地形も複雑な日本列島では、それぞれの土地土地での食料資源に違いがある。

❺ 冬の狩り

❹ 秋の集落

07 縄文カレンダー

植物採取・狩猟・漁労を基本とする縄文人の生業活動は、四季の変化に対応しておこなわれていたことをわかりやすく図式化したのが、小林達雄の「縄文カレンダー」である。

❷ 春の山菜つみ

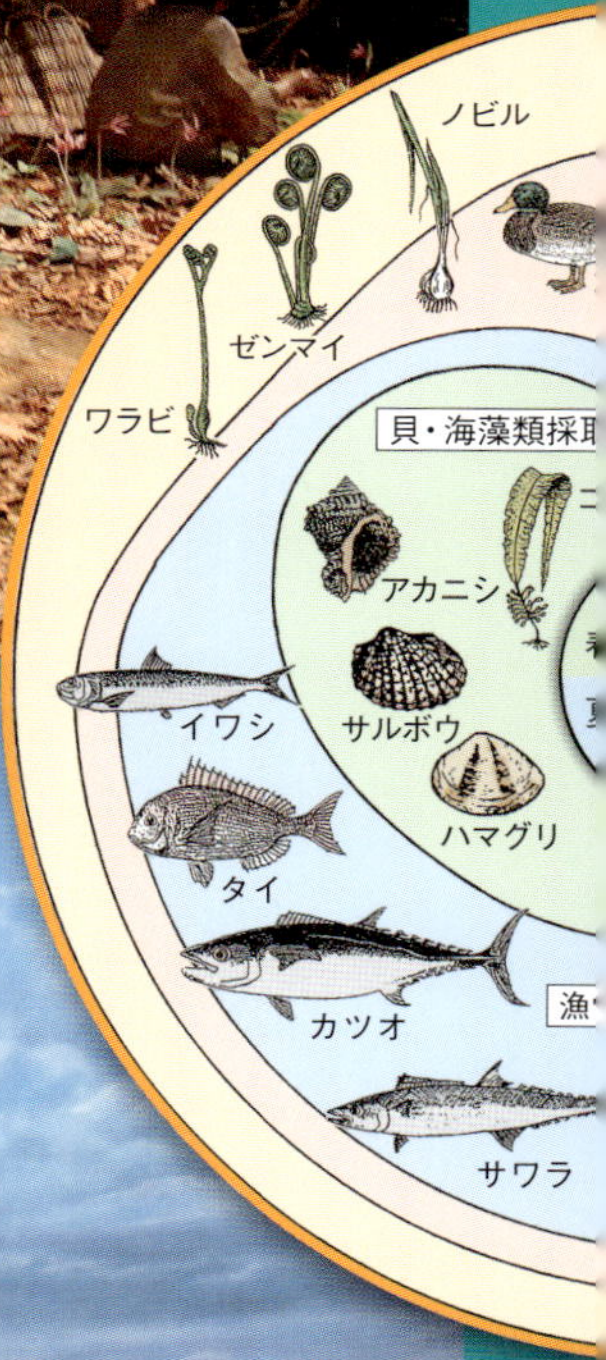

❸ 夏の海辺

08 多彩な猟法と漁法

最近の研究の成果から、縄文人の生活を主に支えたのは植物質食料であることが明らかとなってきましたが、縄文人の狩猟や漁労の実像も、近年、大きく変わってきました。

まず、狩猟ですが、縄文人の主要な狩猟具は、06に紹介したように弓矢です。弓矢は、弓の反発力と弦の張力を利用した飛び道具です。しかし、縄文人の狩猟は、こうした飛び道具の開発だけではなかったのです。罠を巧みに仕掛け、イヌを使うなど、組織的で高度な狩猟法を駆使していたのです。

落し穴が全国の縄文遺跡から発見されています。三〇万平方キロにわたる広大な多摩ニュータウン地域では、一万基以上の落し穴が発掘されています。動物の季節的な行動や地理的な環境を熟知して掘られ、動物が落ちるのを待つ方法から追い込み猟まで、高度で戦略的な罠猟がおこなわれていることが明らかにされています。また、縄文人が狩猟をともにしたイヌを大切な仲間としていたことは、イヌを人間と同様に丁重に埋葬していたことからわかります。

さらに、縄文人は動物の肉をえるために、一時的にイノシシを飼育していた可能性すらあるのです。本来、イノシシが生息しない**伊豆諸島***の縄文遺跡からイノシシの骨が出土します。

***伊豆諸島**
伊豆半島の東南方にあって、富士火山帯に属する火山島。本州と陸つづきとなったことがないことから、島々に生息する陸獣は人間が運んだものである。

それは縄文人が丸木舟で運んだからです。成獣を丸木舟で運ぶのは困難なので、幼獣であるウリボウを乗せて運び、離島で育てたのです。

一方、北から寒流である親潮、南から暖流である黒潮が沿岸を洗う日本列島は、海の幸の宝庫です。この海の幸を食料資源として、本格的に開発したのも縄文人でした。

能登地方は江戸から昭和のはじめまで、イルカの追い込み漁が盛んでした。その漁村の一つである能登町字真脇《まわき》で、一九八二・八三年に圃場整備にともなう調査を実施したところ、縄文時代の土器や石器などとともに大量のイルカの骨が発見されたのです。とくに圧巻だったのは、地下三メートルほどの前期末から中期初頭の層で、ここだけで三〇〇頭近いイルカの骨が発見されたのです。しかも、遺跡の広がりを考えると、何千頭分の骨が埋まっているかは見当もつかないということです。真脇は、縄文時代からイルカ猟の集落であったのです。

真脇遺跡にみられるように、縄文人はそれぞれの地域の環境に応じた漁労活動を発展させました。たとえば縄文時代の貝塚の半数が集中する関東地方の東京湾など遠浅の入り組んだ砂泥質の入江をもつ地域では、貝の採取と産卵や索餌《さくじ》で集まる魚類を捕獲する内湾性漁労を発達させました。また、北海道から東北地方の沿岸地域では、寒流によって運ばれたトドやアザラシなどの海獣類を、九州から東海地方の沿岸では、暖流によって運ばれてきたマグロやカツオなどの大型の回遊魚を捕獲する外洋性漁労を発達させるというようにです。

こうした漁労活動を支えたのが、前述した漁労具と漁法で、釣針を用いた釣漁、銛やヤスを用いた刺突漁、漁網や**筌**《うけ》*、**魞**《えり》*などを用いた仕掛け漁など多彩でした。

*筌　細い竹や木製の籤で口を閉じた筒形に編んで、小魚が入ると出られないような仕掛けをした漁具。

*魞　竹や木製の簀を立てて囲いとし、そのなかに魚を誘い入れて捕獲する仕掛け。

真脇遺跡の位置

イルカ層の発掘風景

イルカの椎骨の出土状況

❸ イルカ漁の集落　石川県の真脇遺跡では、前期末から中期初頭の層から300頭近いイルカの骨が出土、イルカ漁の集落であった。

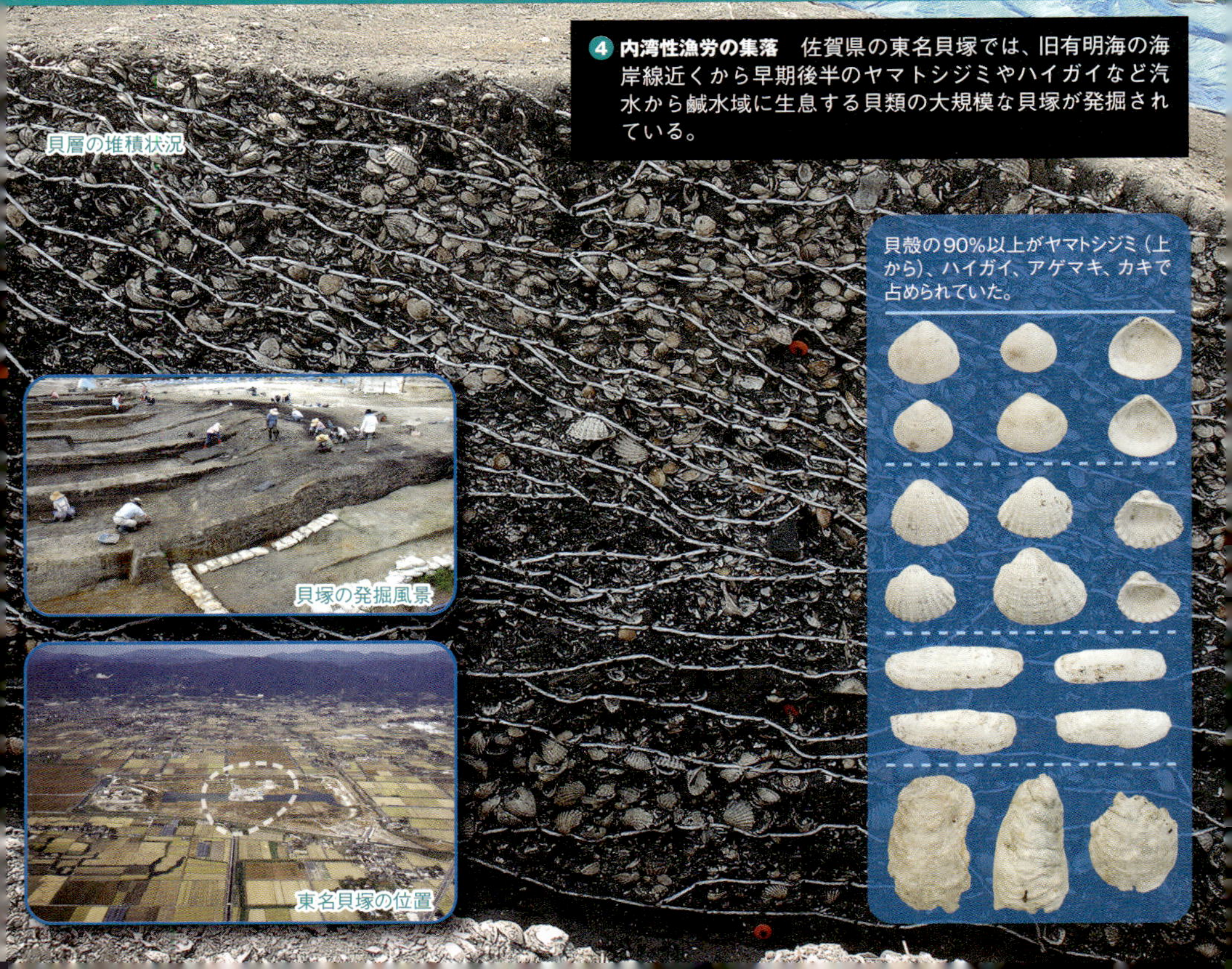

❹ 内湾性漁労の集落　佐賀県の東名貝塚では、旧有明海の海岸線近くから早期後半のヤマトシジミやハイガイなど汽水から鹹水域に生息する貝類の大規模な貝塚が発掘されている。

貝層の堆積状況

貝塚の発掘風景

東名貝塚の位置

貝殻の90%以上がヤマトシジミ（上から）、ハイガイ、アゲマキ、カキで占められていた。

08 海洋国日本の伝統

大小さまざまな3600の島々からなる日本列島の海岸線は、総延長で2万7000kmにも達している。しかも、海岸地形は変化に富み、砂浜や岩礁海岸、数多くの内湾や内海が各地に広がっている。また、北から寒流である親潮、南から暖流である黒潮が沿岸を洗う日本列島は、海の幸の宝庫である。こうした海の幸を資源として、縄文人は、各地で特色ある漁労文化を発展させ、今日の海洋国日本の伝統を形作った。

魞の復元想像図

タモの出土状況

魚たたき棒の出土状況

魞に使われた杭列の全景

1 サケ漁の遺跡　北海道の紅葉山49遺跡では、石狩湾に流れる発寒川の旧河道から、中期末のサケ漁の仕掛けに使った魞が発掘された。また、サケをたたいた魚たたき棒や川魚を捕獲したタモなども一緒に出土している。

各種の漁具

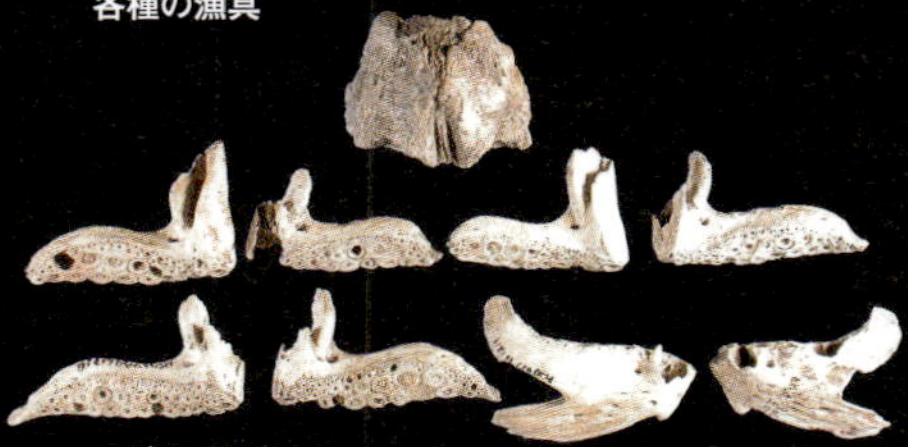

マダイの顎骨

スズキの顎骨

2 外洋性漁労の集落　宮城県の里浜貝塚では、後・晩期に鹿骨製の銛やヤス、大型の釣針などが出土しており、これらの漁具を用いてマダイやスズキ、マグロなど外洋性の回遊魚を捕獲した。

里浜貝塚の位置

09

豊かさの限界

真脇遺跡がイルカ漁の集落であったとはいえ、人びとはイルカ漁だけをしていたわけではありません。多種類の魚や陸獣の骨、あるいは植物遺体が出土しているように、多種多様な資源を食料として利用していました。こうした縄文人の食料利用は、現代人にはどう映るのでしょうか。たとえば少し前の話になりますが、二〇〇〇年の「発掘された日本列島展」では、縄文遺跡からはじめてイモ類が発見された京都府の松ヶ崎遺跡で、**イモ類***などの植物遺体に混じって、マダイやヒラメ、フグなどの魚骨が出土し、「縄文人は意外にグルメ。イモの他、タイやヒラメも」と紹介されました。

自然物にたよる獲得経済の社会では、食料が少数の種類に偏りすぎると、それらが異常気象などで被害にあったときに、たちまち自分たちの生存そのものが危うくなります。それを防ぐためには、多種多様な資源を食料として利用する必要があります。しかも、集落で安定した生活を維持していくためには、周辺の食料資源を多角的に利用することが不可欠であったのです。グルメとも映る縄文人の食生活こそは、彼らの生きる知恵の証でした。

こうした縄文人の食料利用を可能としたのは、なんといっても日本列島の多彩で豊かな自然環境があったからです。というのも、生活の本拠となる集落の周辺に多彩な環境があり、

＊イモ類
縄文人がイモ類を食料として利用していたことは想定されていたが、イモ類が発見されることは、不可能と考えられていた。松ヶ崎遺跡の縄文前期の層から発見されたイモ類は、イモそのものではなく、その葉のつけ根にできるムカゴである。

しかも、一年の季節の変化がはっきりとしている日本列島は、潜在的な食料資源に恵まれていました。この潜在的な食料資源を積極的に開発したことが、豊かな縄文社会の基盤となったのです。

しかし、縄文時代が総体的に豊かな社会であったとはいえ、そこには基本的な限界がありました。なぜなら、栽培植物を利用していたとはいえ、そのほとんどを自然物にたよっていたからです。自然物の増殖率の範囲内であれば、人口の増加による食料の確保も可能ですが、ひとたび自然の増殖率を超えるような人口増があると、自然物が枯渇して食料不足に見舞われてしまいます。時には、環境の変化が食料不足に追いうちをかけることもありました。

「縄文王国」と形容される**長野県***の遺跡数の増減がそのことをよくあらわしています。長野県では、早期から前期にかけて遺跡数は倍増し、中期になると、いっきにその三倍にも激増します。ところが後期になると、こんどは一転して激減し、晩期には中期のわずか五パーセント以下にまで落ち込んでしまいます。これは長野県の縄文中期には、文化の繁栄による人口の増加が食料資源の枯渇を招くまでになっていたうえに、さらに悪い条件が重なってしまったからです。中期後半から地球規模で気候が冷涼で湿潤な環境に変化したことで、食料資源の枯渇に環境の悪化が追い打ちをかけることになり、壊滅的な打撃をあたえてしまったのです。

縄文社会の豊かさというのは、つねに限界を抱えていたということを理解していないと、縄文文化の本質は理解できません。

***長野県**
長野県全域の時期別の遺跡数については、図版13の①を参照。

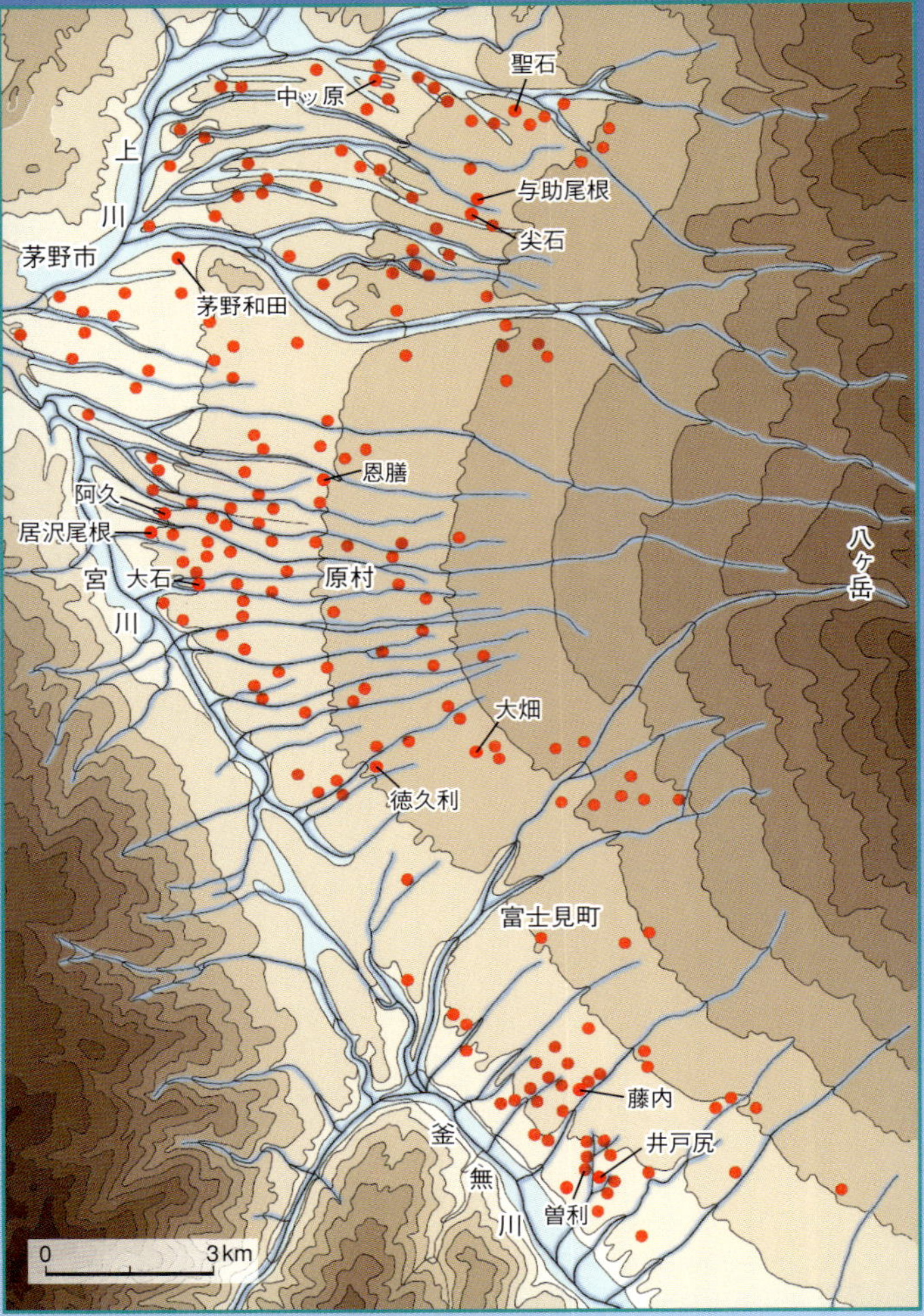

❸ 八ヶ岳西南麓の縄文時代の遺跡分布

「縄文王国」の盛衰

縄文時代のなかでも、汎列島的に最盛期とされる中期には、長野県で遺跡数が爆発的に増加し、「縄文王国」と形容されるほど繁栄した。しかし、その繁栄は、縄文社会がもつ矛盾をいっぺんに増大させることになったが、とくに八ヶ岳西南麓などのように、その繁栄が高ければ高いほど、それはちょっとした環境の変化などが加わっただけでも、もろくも崩壊するような脆弱さをあわせもっていた。

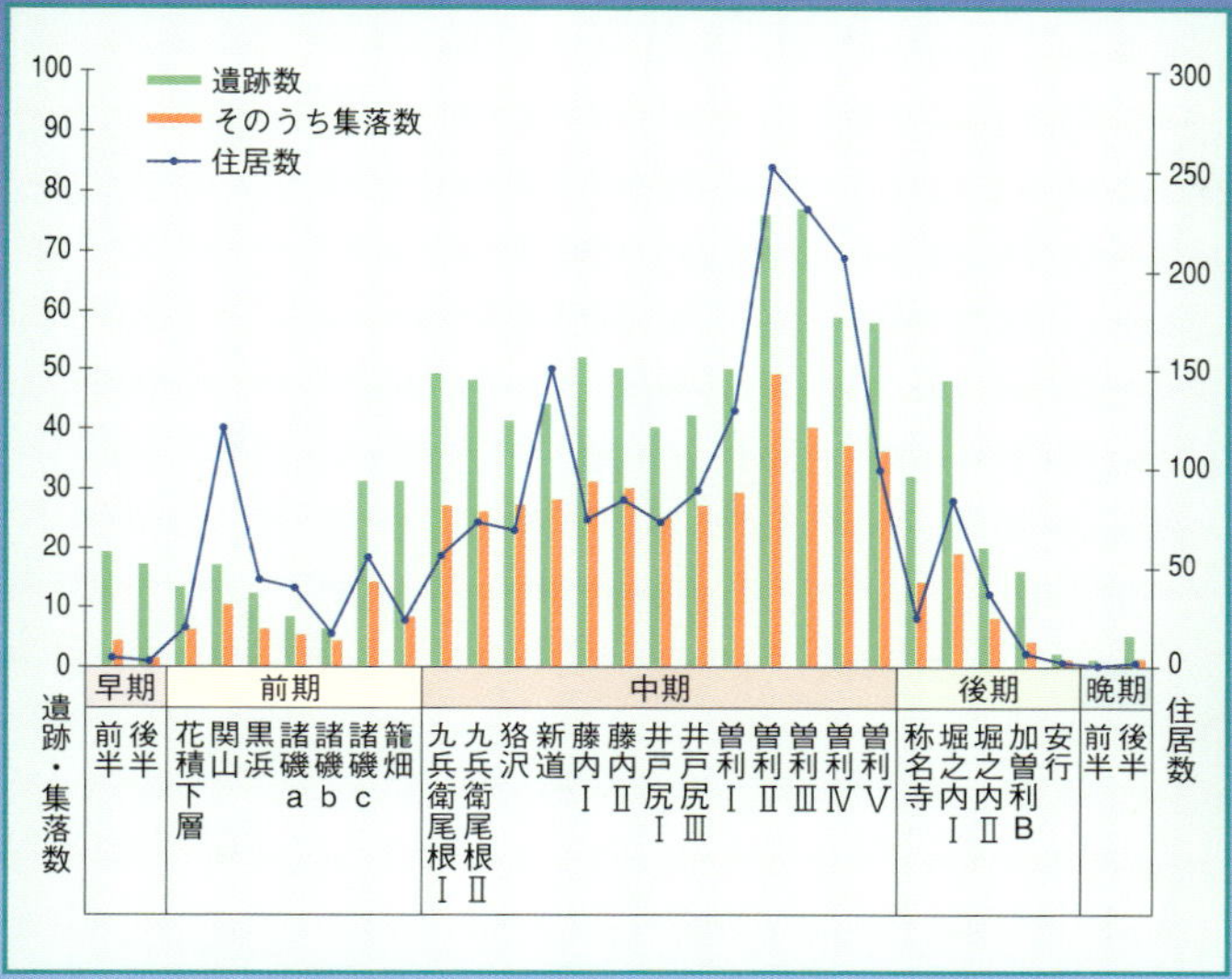

❶ 八ヶ岳西南麓の土器型式別にみた遺跡・集落・住居数　八ヶ岳西南麓では、早期前半から集落が営まれるが、若干の増減を繰り返しながら、中期初頭の九兵衛尾根式期に入ると爆発的に集落数を増加させる。そして、中期の曽利Ⅱ式期に絶頂期をむかえると、その後は一転して減少し、後期前半の堀之内Ⅰ式期にいったんもちなおしたかにみえながらも、晩期には「無人の野と化す」といわれるほどに集落がなくなってしまう。

❷ 与助尾根遺跡の復元住居

❹ 尖石遺跡のある台地から展望した八ヶ岳

10 高水準の木工・編み物技術

縄文人は狩猟具、漁労具、植物採取・加工具など、食料の獲得とその消費に直接かかわる道具類のほとんどは、早期という初期の段階で開発を済ませています。それ以後は生活用具、あるいは呪具《じゅぐ》や祭祀具《さいしぐ》など社会的・精神的な要求にもとづく道具類の開発へと向かいます。わたしたちが想像していた以上に縄文社会が豊かであったと実感させられるのは、じつはこの生活用具などの充実ぶりをみせられたときです。

その代表的な生活用具が**木製容器**＊です。木製容器は、縄文人の道具が石器しかなかったことから、材を刳りぬいてつくる刳物《くりもの》に限られます。原木からの木取りにはじまり、両端や底部など外形の荒削り、内部の刳りぬき、細部調整による整形、内外面の仕上げという手順で、容器の木地《きじ》が完成します。そして、容器の用途に応じて、仕上げの最後に漆が塗られたものもあります。

新潟県の御井戸《おいど》遺跡では、八点の製作途中の把手《とって》付の片口や水差形の容器が出土し、それらの資料から、大まかな木取りから外形の荒削りを経て、内部を刳りぬき、最後に内外面を入念に仕上げるという製作工程が明らかにされました。しかも、完成品の精巧さと赤く塗られた漆の鮮やかさは、発見当初、本当に縄文人の製作かと疑われたほどの優品です。

＊**木製容器**
木製容器には、刳物、挽物、曲物、結物があるが、刳物は縄文時代からつくられたのに対して、挽物は弥生時代以降、曲物は古墳時代以降、結物は鎌倉時代以降につくられた。

こうして製作された木製容器には、食器に使った椀や皿、鉢などの小物から、食品をこねるのに使ったと思われる大物、あるいは液体をすくう杓子《しゃくし》や水差形の容器というように、わたしたちの日常生活となじみ深いものが多くあるのには驚かされます。

植物利用の生活用具のもう一つに、カゴ類や袋物があります。素材には、蔓《つる》植物や葦《あし》などイネ科植物の繊維を利用するものと、木や竹などを細く割った籤《ひご》を利用するものの二つがありました。また、編み方は、紐《ひも》を絡ませながら編む「綟《もじ》り編み」と、紐を交互に潜らせながら編む「網代《あじろ》編み」の二つがありました。縄文人はとくに網代編みを多用しています。

蔓植物やイネ科植物の繊維は、やわらかい素材ですので、丸めたり、口を閉じたりできる袋物のような容器に向いています。一方、木や竹などを細く割った籤は、堅い素材ですので、型崩れしないカゴ類に向くという、それぞれの特性があります。そうした特性を生かして、ポシェットのような小物から背負いカゴのような大物まで、多様な容器をつくっています。しかも、驚いたことに、早期後半の佐賀県の東名《ひがしみょう》貝塚から七〇〇点をこす製品が出土しており、それらの編む技術や種類をみると、現在わたしたちが使っているカゴ類のほとんどは、すでに縄文時代の早い段階で用いられていたことがわかります。

綟り編みや網代編みがあるということは、当然、筵《むしろ》や簾《すだれ》、あるいは布も織られたことは間違いありません。それらは今のところわずかな断片が確認されているだけです。しかし、新潟県の青田《あおた》遺跡からは、わたしたちが日除けなどで軒先に立てかけているような大型の簾が出土していますので、これから大型の編み物の発見例が増えていくものと期待しています。

ザルのように網目が細かい網代

カゴのように網目が粗い網代

背負いカゴのような網目の網代

敷物のような網目の網代

❸ 網代編み 東京都の下宅部遺跡からは、後期の49点の網代編みのカゴ類が出土しているが、それらは単純な1越え・1潜り・1送りから複雑な3越え・3潜り・1送り、あるいは六ツ目編みと呼ばれる三方から編み込んだものなど実に多様である。また、筵状の敷物を編む場合には、幅の広い紐を2本組にするといったように、紐の幅や本数、間隔、素材などを上手に組み合わせることで、容器以外の編み物も編んでいる。

保存処理前の全景

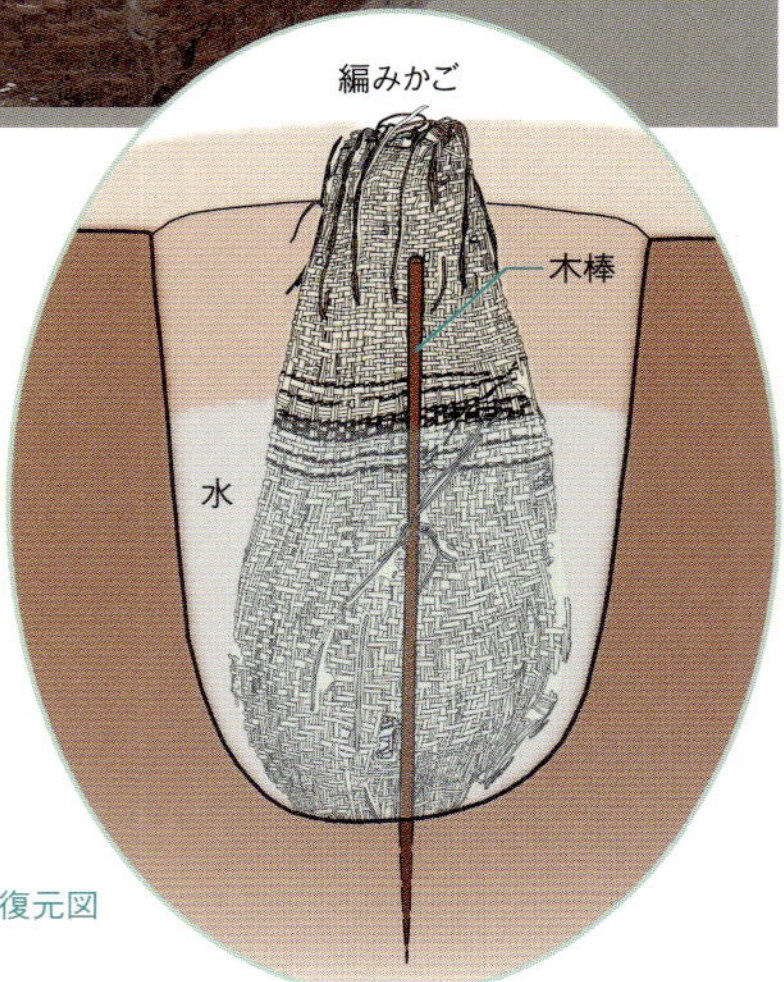

貯蔵穴復元図

❹ 大型袋状のカゴ 佐賀県の東名貝塚から出土した、早期後半のほぼ完形な大型袋状のカゴ。ドングリなどの堅果類を入れ、貯蔵穴のなかで水漬けにし、倒れないように木棒で支えられていた。

10 容器の主役は植物製品

縄文人は、土器だけでなく、木や竹、蔓、葦などの容器も多く使っていた。実際に、煮炊き用を除けば、容器の主役は植物製品であった。近年、低湿地遺跡の発掘調査によって、植物遺存体が発見される事例がふえてきたことから、ようやく植物でつくられた製品が明らかとなってきた。

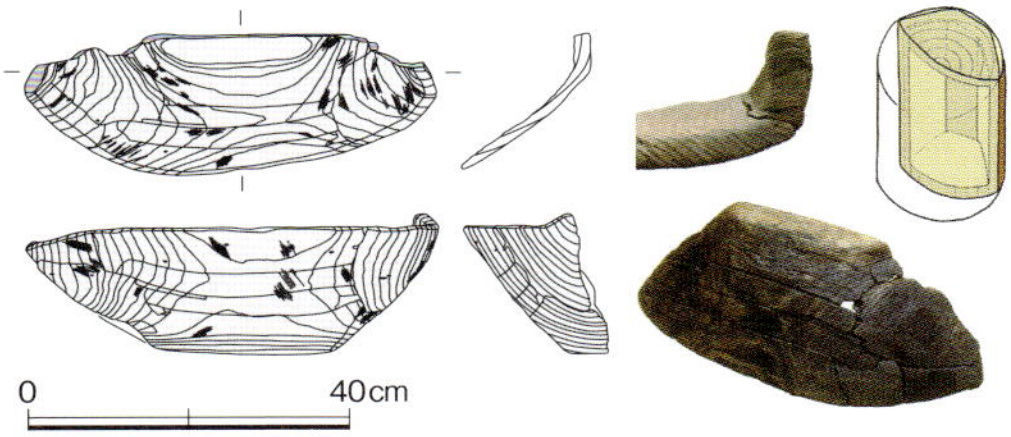

方形鉢とその木取り概念図

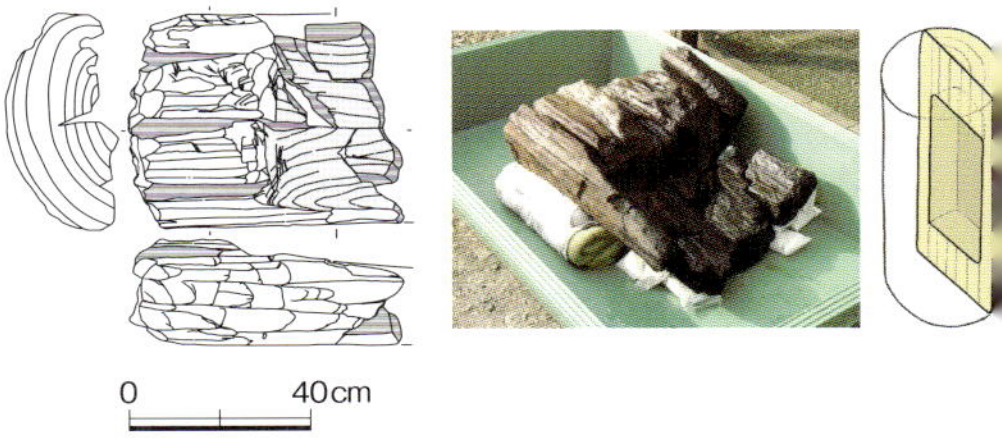

槽とその木取り概念図

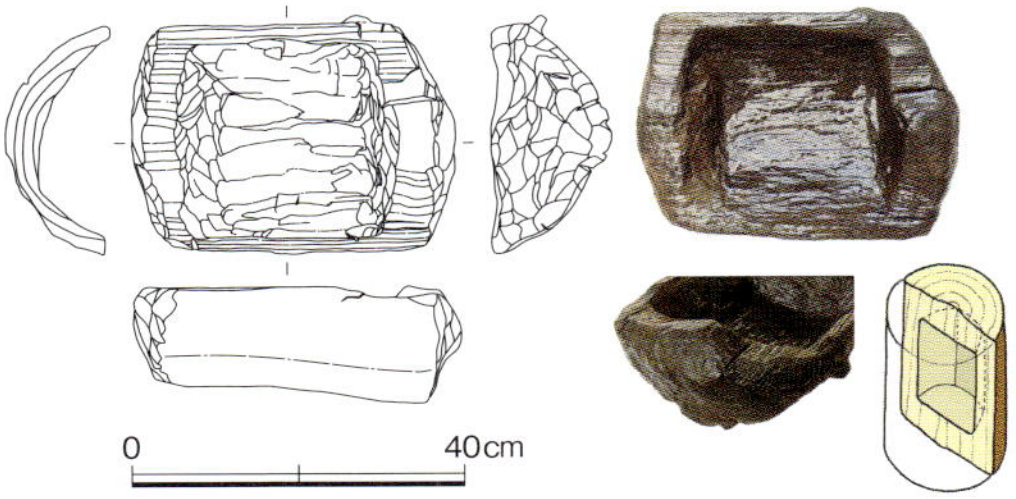

容器未成品とその木取り概念図

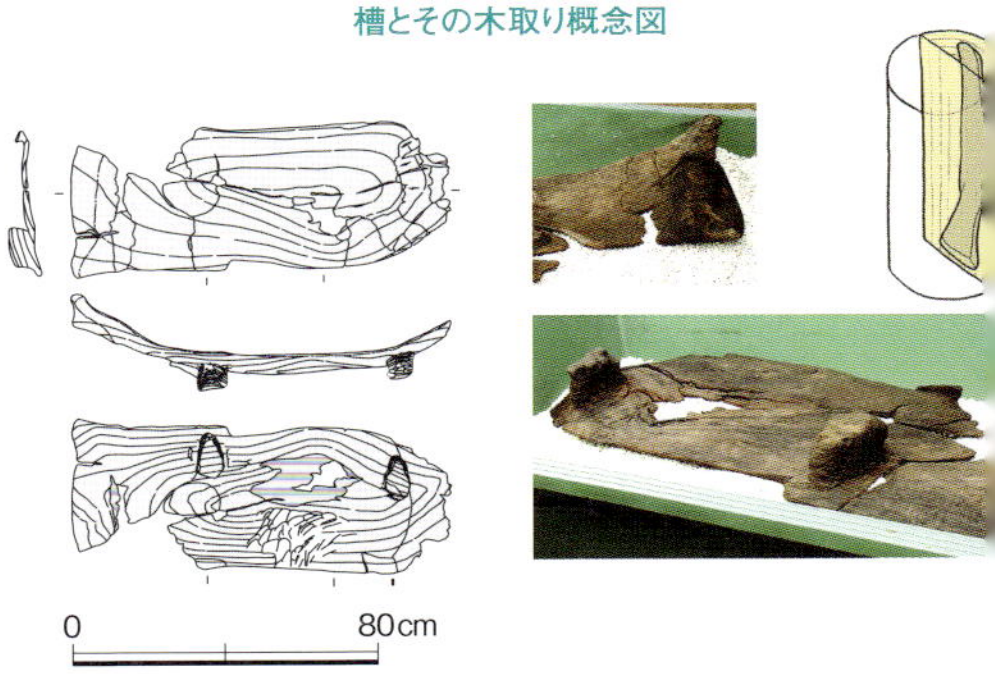

脚付大皿とその木取り概念図

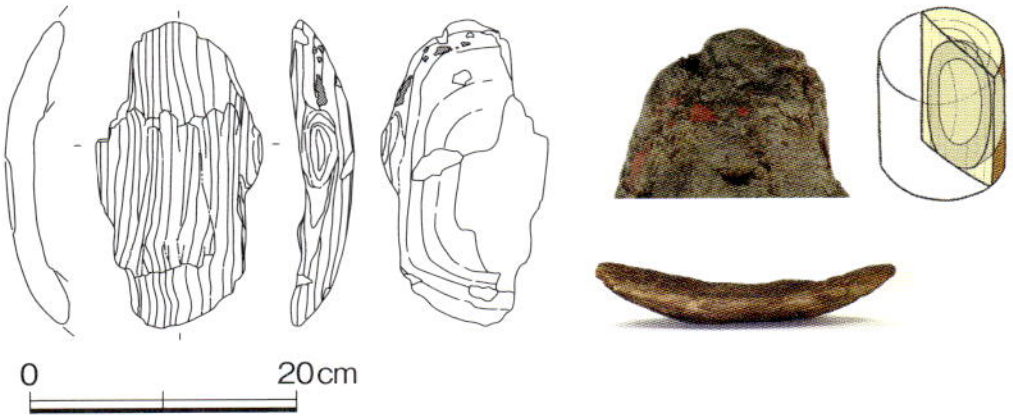

漆塗り浅鉢とその木取り概念図

❶ 木製容器　東京都の下宅部遺跡から出土した後・晩期の木製容器には、長径約40cmの浅鉢から推定復元で100cm以上にもなる脚がついた大皿まで各種がある。完成品は、内外面とも加工痕がみえなくなるほどていねいな磨きが施されている。また、木製容器をよく観察すると、年輪の残り方から木取りの位置がわかる。

分谷地A遺跡の木胎漆器。後期

御井戸遺跡の木胎漆器。晩期

❷ 赤漆塗木製水差し　新潟県の分谷地A遺跡や御井戸遺跡から出土した赤漆塗木製水差し（木胎漆器）などは、縄文人の木工技術の水準の高さを示す優品。

11 見事な装飾品

世界の先史文化のなかでも、縄文人ほど造形美に優れた生活用具を残した民族はありません。実用品以外にも見事な造形品を残しています。

耳飾り、髪飾り、胸飾り、腕飾り、腰飾りなど、金属がないことをのぞけば、今日にみられる装身具の大半は、すでに縄文人が身に着けていました。

なかでも軟らかい石や粘土でつくった耳飾りは、縄文時代を代表する装身具です。中国の玉器《ぎょっき》である玦《けつ》に似た玦状耳飾りは、早期末から前期に列島の全域に広まりますが、前期末から中期初頭に衰退してしまいます。これにかわるように、土製耳飾りが中期から晩期の東日本に盛行しますが、とくに群馬県の千網谷戸《ちあみがいと》遺跡から出土した滑車形《かっしゃがた》耳飾りは、精緻な透かし彫り文様を施し、赤や黒の漆で彩色するなど原始工芸の極致といえる、まさに逸品です。

髪飾りでは、前期の鳥浜貝塚の赤漆塗りの木製櫛が有名です。この櫛は一枚の板目材から歯を削りだしたもので、骨角製品の技法である挽歯《ひきば》式でつくられています。ただし、縄文時代の木製櫛の技法は、一〇本前後の歯を束ねて固定する結歯《ゆいば》式が一般的で、歯に細い横木を渡して糸を結び、そのうえを**刻苧**《こくそ》*などの下地で固めて、赤漆を塗って仕上げています。

胸飾りには、硬玉《こうぎょく》、琥珀《こはく》、滑石《かっせき》、貝殻などの各種の材料を用いて、勾玉《まがたま》、丸玉、管玉《くだたま》、大《たい》

***刻苧**
生漆に植物繊維や木くずなどを練り混ぜたもの。

珠《しゅ》などの形につくり、それらを単品で、あるいは複数を組み合わせて使っています。そのほか、腕飾りは貝殻、腰飾りはシカの角を素材として、さまざまな装飾が施されています。

　こうした装身具などを美しく飾ったのが漆塗りです。日本列島で**最古の漆製品***は、北海道の垣ノ島《かきのしま》B遺跡から早期前半にさかのぼるものが発見されています。前期になると、山形県の押出《おんだし》遺跡からは、下地に赤漆、その上に黒漆で繊細な幾何学紋様を描いた彩文土器、あるいは木器に彩文土器と同じような文様を描いた木胎《もくたい》漆器が、破片を含めるとかなりの数が出土しています。また、漆塗りの土器や櫛などは、前述した鳥浜貝塚や神奈川県の羽根尾《はねお》貝塚などから出土していますので、縄文前期に漆工技術はすでに完成していたのです。

　漆工の工程で欠かせないのが、漆液の不純物を取り除くための濾過《ろか》と、生漆《きうるし》中の水分を二パーセントぐらいまで蒸発させる「くろめ」という工程です。これらを怠ると、漆塗膜の光沢やきめの細かさ、赤色顔料を混ぜた時の鮮やかな色合いは出せません。そして、縄文遺跡から出土する漆製品の光沢や鮮やかな色合いをみると、縄文前期には、すでに**濾過***や**くろめ***などの工程が考え出されていたことがわかります。

　ところで、現在の伝統漆工技術と遜色ない縄文時代の漆工技術から、漆工を専門的におこなっていた専業集団の存在を想定する研究者がいます。しかし、縄文の漆製品は、低湿地など保存の条件さえよければ、どこの遺跡からも出土しますので、縄文集落での漆の使用は、日常的・恒常的であったことがわかります。ということは、縄文時代の漆工技術に専業集団はおらず、どこの集落でも用いることができるほどに普及していたのです。

***最古の漆製品**
　現在のところ最古の垣ノ島B遺跡出土の漆製品は、二〇〇二年一二月に収蔵庫の不審火で焼失してしまった。

***濾過**
　漆液の濾過に使われた編布（アンギン）は、後期のものが福島県の荒屋敷遺跡、晩期のものが青森県の是川中居遺跡から出土している。

***くろめ**
　くろめに使ったと思われる漆が入った土器は、後期のものが東京都の下宅部遺跡から出土している。

5 着飾った縄文女性　ハレの日を想定して復元。服装の文様は、晩期の亀ヶ岡式土器の「工字文」がモデル（石井礼子画）。

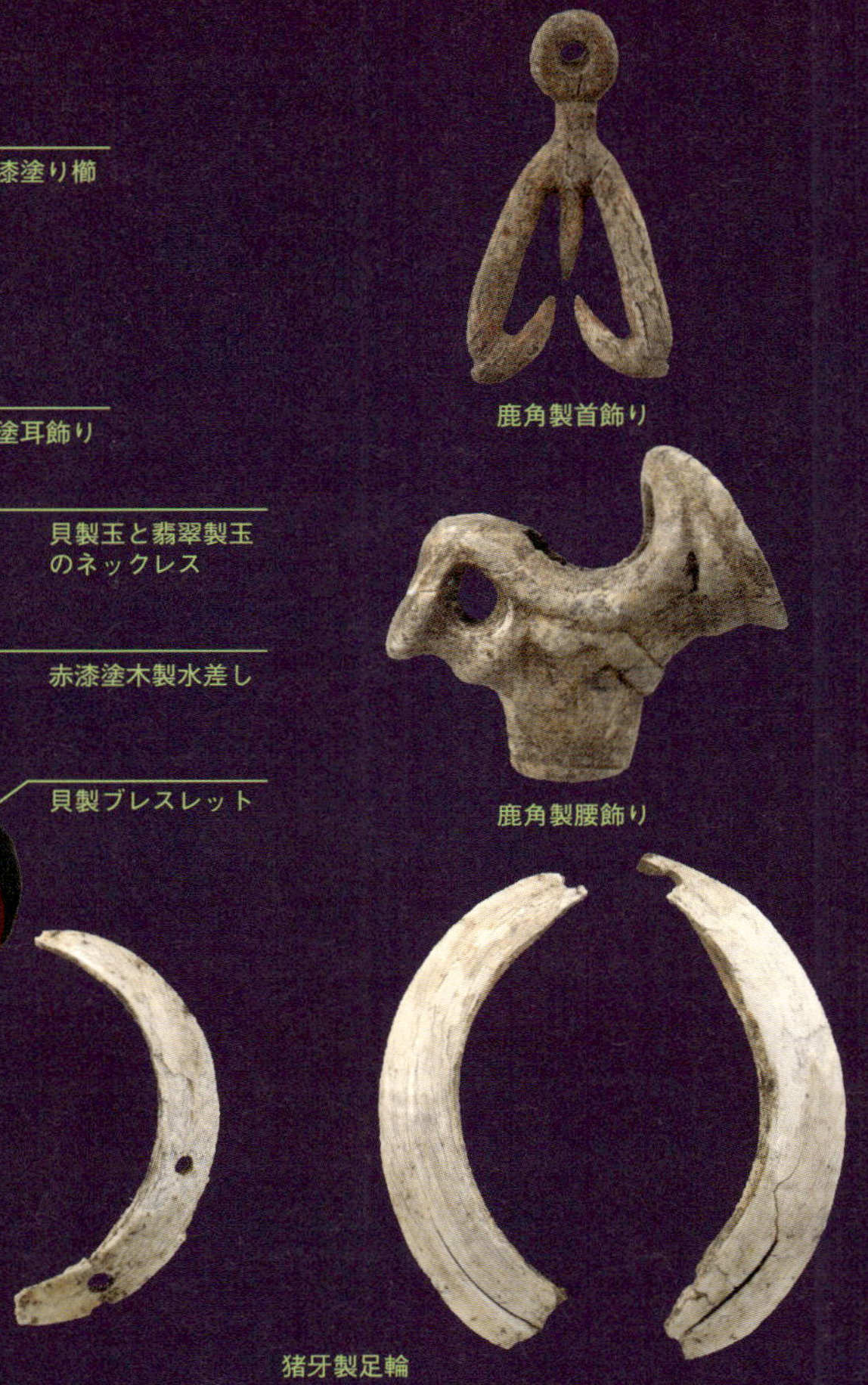

6 縄文男性の装身具　壮熟年の男性人骨にともなった装身具。晩期。大阪府国府遺跡

7 鹿角製腰飾り　長老など男性リーダーの装身具。晩期。宮城県里浜貝塚

11 ハレの日の装い

日々の日常的な営みのことを褻（ケ）といい、行事のあるような非日常的な営みのことを晴（ハレ）という。縄文時代にも、集落での日常的な営みとともに、1年のうちでも節目となるような日には、村落の人びとが総出で行事をおこなったハレの日もあった。そうしたハレの日には、縄文人の男も女もケの日以上に着飾ったことは間違いない。

❶ **土製滑車形耳飾り**　土偶などの表現から女性の装身具と考えられている。晩期。群馬県千網谷戸遺跡

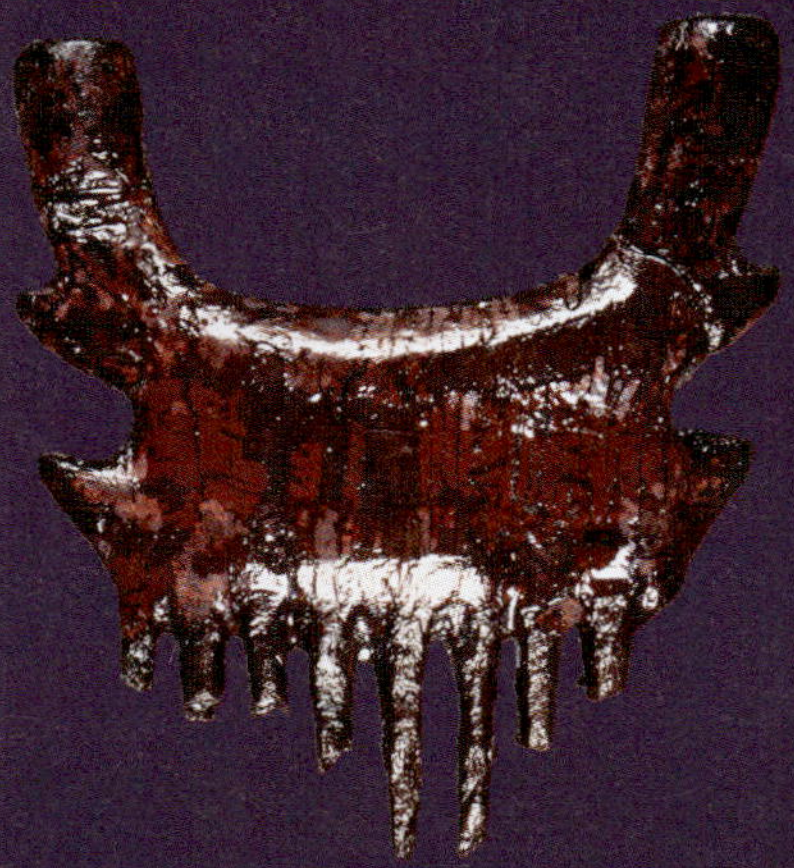

❷ **赤漆塗りの櫛**　挽歯式の木製竪櫛。前期。福井県鳥浜貝塚

❹ **かんざし**　黒漆を下地に、2種類の赤漆で文様を描く。晩期。東京都下宅部遺跡

❸ **翡翠玉の首飾り**　土坑から一括して出土した翡翠製の小玉。紐をとおして復元。右の玉類も一括して出土。晩期。宮城県山王囲遺跡

12 謎を秘めた呪具

縄文人にとって豊かな幸を恵む自然は、一方で毎年きまってくり返される台風や豪雪だけではなく、時には**火山の噴火***や地震などの災害を引き起こしました。こうした天災とならんで縄文人が恐れたのは、事故と病です。今日のように医療が発達していない時代では、ちょっとした事故や病が死に直結していたからです。そうした天災や事故、病などの恐怖から逃れるために、縄文人は、呪術《じゅじゅつ》などの助けを借りました。また、定住社会である縄文時代は、集団生活を円滑におこなうために、儀礼《ぎれい》や祭祀《さいし》を必要としました。とくに大型の環状集落が解体し、集落が小型分散化するなど、より社会が複雑化する東日本の後・晩期に儀礼や祭祀を発達させました。

縄文時代を代表する呪術的な遺物の一つが土偶《どぐう》です。土偶は、早期までは表現が稚拙ですが、乳房のふくらみなどから、当初から女性を表現していたものと考えられています。そして、時期を経るにしたがって、乳房だけでなく、妊娠を思わせる下腹部や大きな尻部、女性器などを表現する例が多くなり、土偶が女性を形象化したものであることが明確となります。

土偶がなんのためにつくられたかは、考古学界では、いまだに大きな謎の一つです。今までにも呪具・愛玩具・護符・信仰具説などが唱えられてきました。土偶の大半が身体を欠損

＊火山の噴火
縄文時代に起こった最大の噴火は、約七三〇〇年前の早期末に大隅諸島の鬼界カルデラのアカホヤ噴火である。この噴火による火山灰は、南九州で四〇から六〇センチもあって、この地域に壊滅的な被害をもたらしただけでなく、その影響は東海地方にまで及んだ。

していることから、病気や傷害などの部位の快復を土偶を破壊することで祈ったとか、あるいは妊娠を思わせる表現が多いことから安産を祈願したなどという、呪具説が有力です。

一方、長野県の棚畑《たなばたけ》遺跡の中期の大型土偶「縄文ビーナス」のように、集落の中央広場に安置されたような状態で、ほとんど無傷のまま出土したものなどは、集団の安寧《あんねい》や繁栄、豊饒《ほうじょう》などを祈願した信仰説が想定されています。土偶の用途というのは一義的なものではなく、縄文社会の呪術や信仰、祭祀にかかわる遺物であったことは間違いないでしょう。

土偶が主に女性を形象したのに対して、男性のシンボルをかたどったものが石棒《せきぼう》です。石棒は、前期の東日本に、その先行となる形態のものが出現します。中期になると大型になるばかりか、男根の表現もリアルとなり、なかには二メートルを超えるような大型品もつくられるようになります。その石棒が後期になって、しだいに小型化するようになると、頭部の表現も抽象化され、晩期に入ると、断面が円形から扁平となって、やがて刀や剣を模したようにみえることから、石刀や石剣とよばれる精巧なものへと変化します。とくに石棒で興味深いのは、大型品が集落の共同祭祀として使われているのに対して、小型品になると、墓坑などに埋葬される例が多くなります。そこに呪術から儀式へという社会的な変化を読みとろうとする考えがありますが、今後の課題といえます。

さて、土偶や石棒のほかにも、実用的な道具類とは違って、いまだに正確な用途がわからないものがあります。そうした用途不明の遺物に土版《どばん》、岩版《がんばん》、石冠《せっかん》、**御物石器**《ぎょぶつ》*、亀形土製品、土面、貝面などがありますが、いずれも時期を追って豊かになってくることだけは確かです。

＊御物石器
中央部よりややかたよった位置に大きな抉りのある磨製石器で、一八七七年に石川県から出土した二点が皇室に献上されて「帝室御物」となったことに由来。

❸縄文のビーナスと愛称される土偶。中期。長野県棚畑遺跡
❹縄文の女神と愛称される八頭身の土偶。中期。山形県西ノ前遺跡
❺十字の形をし、全体が平板な板状土偶。中期。青森県三内丸山遺跡
❻仮面の女神と愛称される仮面土偶。後期。長野県中ッ原遺跡
❼顔の形から名づけられたミミズク土偶。後期。埼玉県後谷遺跡
❽顔の形から名づけられたハート形土偶。後期。群馬県郷原遺跡
❾顎に刺青をし、ズボンのようなものをはいた土偶。後期。北海道著保内野遺跡
❿雪眼鏡をしているようにみえる遮光器土偶。晩期。岩手県手代森遺跡

12 土偶の世界

土偶は、「草創期」にも散発的にみられるが、縄文時代早期から本格的につくられるようになる。しかし、土偶の表現はまだまだ稚拙で、わずかに乳房のふくらみが女性を形象したものとわかるくらいである。それが前期から中期と時期をおって、東日本を中心に立体的な土偶が多くつくられるようになるが、とくに長野県の棚畑遺跡から出土した中期の土偶は、その造形美から「縄文のビーナス」と呼ばれて、国宝に指定されている。

また、中期の東北地方北部から北海道南部には、十字状や三角形状の板状土偶が特異な分布をする。そして、後・晩期には、たとえば茅野市の中ッ原遺跡から出土した「仮面の女神」と愛称されている中部地方の仮面土偶のように、表現や表情が複雑になり、関東地方にミミズク土偶、関東地方北部から東北地方南部にハート形土偶、東北地方北部に山形土偶などというように、多彩な型式の土偶が作られた。とくに晩期の東北地方で発達した遮光器土偶は、その奇怪な表現とともに、土偶の代名詞とされるほどに有名である。

1 遺跡から出土した大量の土偶。中期。山梨県釈迦堂遺跡

2 土偶の変遷

3

4

5

13 縄文時代の東と西

「文化は西から」と形容されるように、日本の歴史は、よく「**西高東低**＊」といわれます。しかし、こと縄文時代に限ってみれば、「東高西低」だったのです。図版13の①は、東北地方、関東・中部地方、近畿地方の三つの地域から、それぞれ三つの都県を選んで遺跡数の変化をグラフ化したものです。この図をみて、まず東日本、それも関東・中部地方に遺跡が多いというのがわかっていただけると思います。環状集落とよばれるような、定型的な大型の集落も、こうした遺跡の多少に応じて形成されており、遺跡数が全体的に少ない西日本では、環状集落そのものもわずかな数しか発見されていません。

　では、こうした東西日本の地域差というのは、どうして生じたのでしょうか。一つには、東日本には河岸段丘や丘陵が発達していて、そこは緩やかな台地と湧水に恵まれていることから、縄文人が集落を営むのに適した場所が多いということです。それに対して、西日本では、河岸段丘や丘陵があまり発達せず、ほとんどの地域が傾斜地の強い山地が直接沖積地に接していることから、縄文人が集落を営むのに適した場所が少ないということです。

　また、近畿・瀬戸内地方から北九州地方は、**花崗岩《かこうがん》地帯**＊であることも大きな理由です。花崗岩は長い年月の風化によって、厚さ数十メートルの真砂土《まさど》をつくります。この真砂土の表

＊**西高東低**
日本付近の典型的な冬の気圧配置で、東から西にいくほど気圧が高くなる現象を歴史や文化などの比喩に用いる。

＊**花崗岩地帯**
花崗岩の風化した真砂土が森林の再生を妨げるために、花崗岩地帯の多くは、はげ山地帯と重なる。

面をおおう森林を破壊してしまうと、表層の土壌が消失してしまい、森林の再生を妨げてしまいます。ですから、西日本では、縄文人が下手に環境に関与すると、逆に環境破壊をおこしかねないという危険があったのです。

さらに、もう一つ重要なことは、東日本の落葉広葉樹林と西日本の照葉樹林という植生の違いです。冬に葉をおとす落葉広葉樹林では、林床植物とよばれるワラビ、ゼンマイ、フキ、クズ、ヤマノイモ、キノコなど、縄文人が食料とした植物に恵まれています。それに対して、一年中鬱蒼《うっそう》とした照葉樹林では、そうした林床植物に恵まれていません。そして、これらの林床植物の多くは、クリやクルミなどとともに陽性植物ですので、樹林地に人の手を加え、明るい開かれた環境にしてやると、生産量が飛躍的に増大します。

このように、東日本と西日本では、縄文人が集落を営む環境に大きな違いがありました。そして、集落をつくる環境に恵まれていた東日本では、集落の拡大、つまり人口を急速に拡大していったのに対して、西日本では、環境に見合った緩やかではあるが、堅実に人口を増やしていくという、異なる発展をしたのです。こうした異なる発展は、土器などの生活用具にもあらわれ、たとえば豪華で爛熟した亀ヶ岡式土器と質素で実用的な黒色磨研系土器という、東西日本の晩期土器の違いを生みました。

しかし、東日本が環境に恵まれていたとはいえ、そこには基本的な限界もありました。遺跡数や集落規模を拡大すればするほど、その反動がはげしかったことは、遺跡の増加率がもっとも高い地域ほど、その減少率もまたはげしかったということからもわかります。

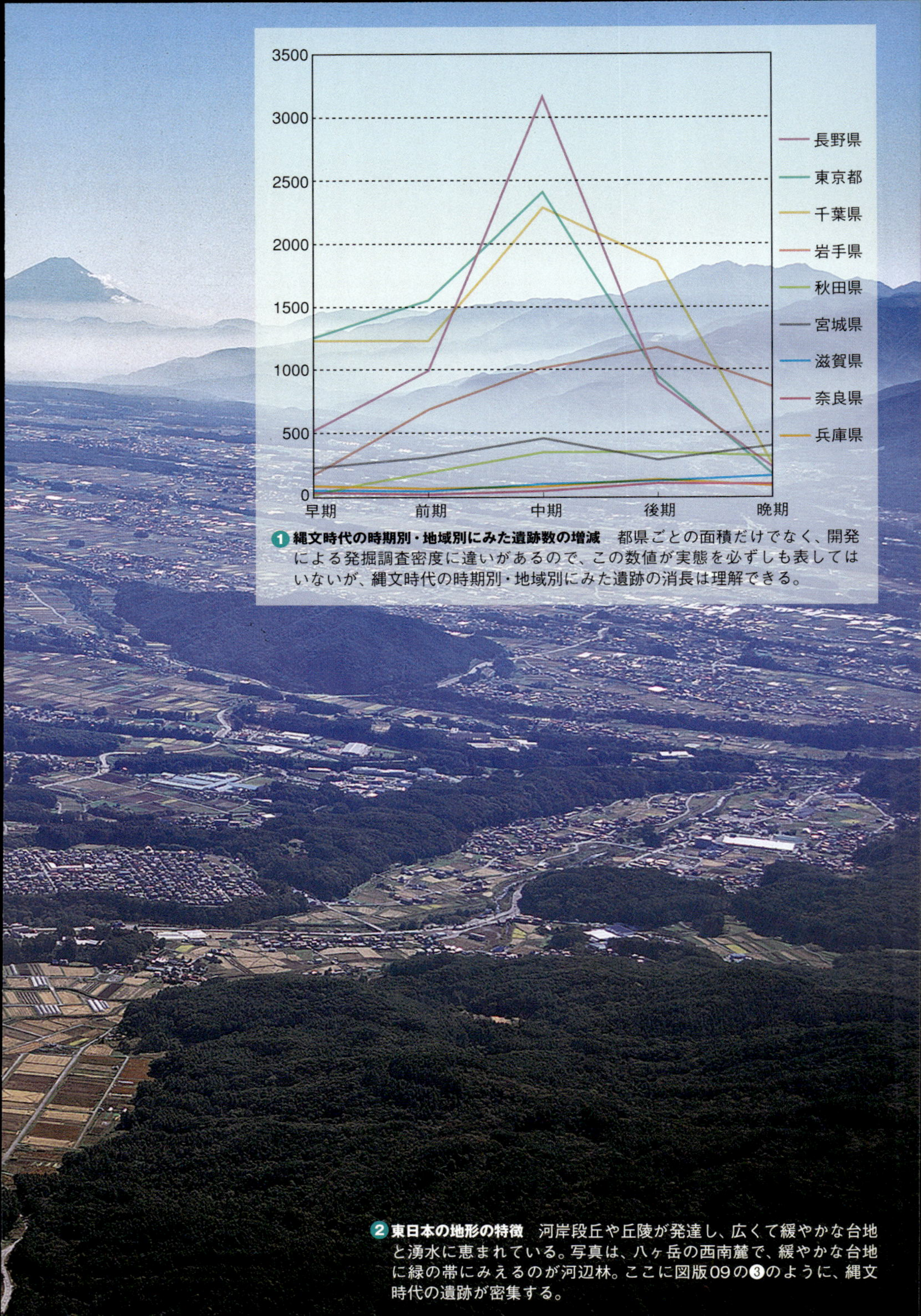

❶ **縄文時代の時期別・地域別にみた遺跡数の増減**　都県ごとの面積だけでなく、開発による発掘調査密度に違いがあるので、この数値が実態を必ずしも表してはいないが、縄文時代の時期別・地域別にみた遺跡の消長は理解できる。

❷ **東日本の地形の特徴**　河岸段丘や丘陵が発達し、広くて緩やかな台地と湧水に恵まれている。写真は、八ヶ岳の西南麓で、緩やかな台地に緑の帯にみえるのが河辺林。ここに図版09の❸のように、縄文時代の遺跡が密集する。

13 縄文時代遺跡の消長

恵まれた食料資源を背景に、獲得経済段階では、世界でも類をみないほど豊かな社会を築いた縄文時代でも、つねに安定した発展をしていたわけではない。東北、関東・中部、近畿の３つの都県の時期別・地域別の遺跡の消長をみてみると、関東・中部地方、とくに長野県で遺跡のはげしい増減があったことがわかる。

❸西日本の地形の特徴　河岸段丘や丘陵が発達せず、傾斜地の強い山地が直接沖積地に接する。写真は、中国地方の山間地で、平坦地や湧水に恵まれていないので、縄文時代の遺跡の分布は散漫。

14 縄文人の住まい

縄文時代の人びとは、旧石器時代の移動的な生活を脱却して、本格的に定住生活をはじめます。定住生活をするためには、当然、住まいが必要になりますが、縄文人の住まいは、高《たか》床《ゆか》のわたしたちの住まいとは違って、地面を掘りくぼめて床とした竪穴《たてあな》住居が基本です。

その竪穴住居は、縄文時代全体をみると、時期や地域によって、ほぼ同じような形態をとるという特徴があります。たとえば早期前半の南九州の上野原遺跡では、この時期としては大きな集落が営まれています。この**上野原遺跡の竪穴住居***は、竪穴の面積が五平方メートル前後から一〇平方メートル以上と大小のバラつきがありますが、炉と柱穴が竪穴内にはなく、その柱穴も竪穴を取り囲むように外側から検出されるというめずらしい形態をとります。同じ早期前半の南関東には、図版05の②に紹介した武蔵台遺跡で大きな集落が営まれます。ここでも面積は、小型と大型がありますが、小型のものは炉をもたないのに対して、大型のものは**灰床炉***という独特の炉をともなっています。ただし、住居の形態は、規模の大小にかかわらず、隅丸方形で、壁に沿って柱穴をめぐらすという、同じ形態をとっています。

このように、縄文人の住まいは、面積的には大小のバラつきがありますが、ほぼ同じような形態をとります。しかも、大小のバラつきは、住居構成員の人数などに対応する範囲にお

＊**上野原遺跡の竪穴住居**
竪穴部分は狭いが、竪穴の周囲を取り囲む柱穴を住居の壁柱とすると、面積はかなり広くなる。史跡整備にともなう復元住居（図版05の③）も、この壁柱からドーム状に天井をもち上げている。

＊**灰床炉**
竪穴の床面の中央に木枠を組んで、そこに灰を入れて炉としたもの。

さまっています。つまり同じような形態の住居に、独立して住み分けるということは、その住居の構成員を「家族」とみるのが、もっとも合理的な考えといえます。

では、実際のところは、どうだったのでしょうか。実証するのは難しいのですが、もう一度、竪穴住居から考えてみましょう。縄文時代の竪穴住居は、早期などの一時期をのぞけば、日常の厨房の場である炉をもち、石鏃や打製石斧、石皿、磨石などの生産用具や煮沸具としての土器を保有していることから、消費単位として独立した機能をもっていたことがわかります。また、後にも紹介しますが、縄文時代の遺跡からは、住居跡が一棟だけしか検出されない事例も決して少なくないことから、一棟が世帯として独立していたと考えられます。しかも、**竪穴住居の床面積***は、平均で約二〇平方メートルですので、複数の成人の男女が集合するような家族構成をとることは難しく、単婚家族的な小世帯の可能性が高いと思われます。

一方、不慮の事故で同時に死亡したと想定される遺体が一つの住居に遺棄された事例が、全国で八例あることが春成秀爾によって報告されています。その性別と年齢構成などから住居の家族構成を推定すると、一組の夫婦とその子どもからなる単婚家族を基本としていたと考えられます。また、岩手県の上里遺跡からは、七体の人骨が一括して埋葬された縄文前期の土坑墓が発掘されています。この七体の人骨を歯の比較研究から分析した埴原和郎は、一組の夫婦とその子どもからなる単婚家族であることを明らかにしています。

このように、まだまだ傍証の域を出ないのですが、わたしは縄文時代の家族構成は、**単婚家族***を基本としていたと考えています。

***竪穴住居の床面積**
前期の東北・北陸から北関東地方には、床面積が一〇〇平方メートルをこえるような長方形の大型住居がみられるが、複数の炉や間仕切りなどから、二〇平方メートル前後の複数の住居が集合した、いわゆるロングハウスと考えられている。

***単婚家族**
縄文時代の家族構成が単婚家族を基本としていたとしても、家族そのものが共同体の拘束から自立できなかったということでは、近代の単婚家族とは、その社会的役割が根本的に異なっていた。

❸ 竪穴住居跡から一括して出土した生活用具　長野県の藤内遺跡第９号住居跡では、火災による急激な上屋の倒壊によって、腐朽してしまった有機質の資料を除く、すべての生活用具が日常の生活状態のままで出土し、縄文時代の１棟での生活用具の実態を知る資料として貴重。

竪穴住居での生活

縄文時代の竪穴住居には、普通、床の中央か、やや奥寄りに炉が１つ切られている。この炉には、深鉢形の土器がおかれて、食料が煮炊きされるが、暖や明かりをとるなど、一家団欒の場となった。炉の近くの床には、水を入れた深鉢形の土器や加工した食料品を入れた浅鉢形の土器、木の実を入れたカゴ、あるいは木の実を製粉する石皿や磨石などが所狭しにおかれていた。また、壁には、弓矢や土掘り具などの道具も立てかけてあった。そして、この炉を囲み竪穴でともに暮らしたのは、おそらく家族であったろう。

❶ 竪穴住居の内部　中期の長野県の藤内遺跡第９号住居跡の発掘調査成果にもとづいて復元。井戸尻考古館

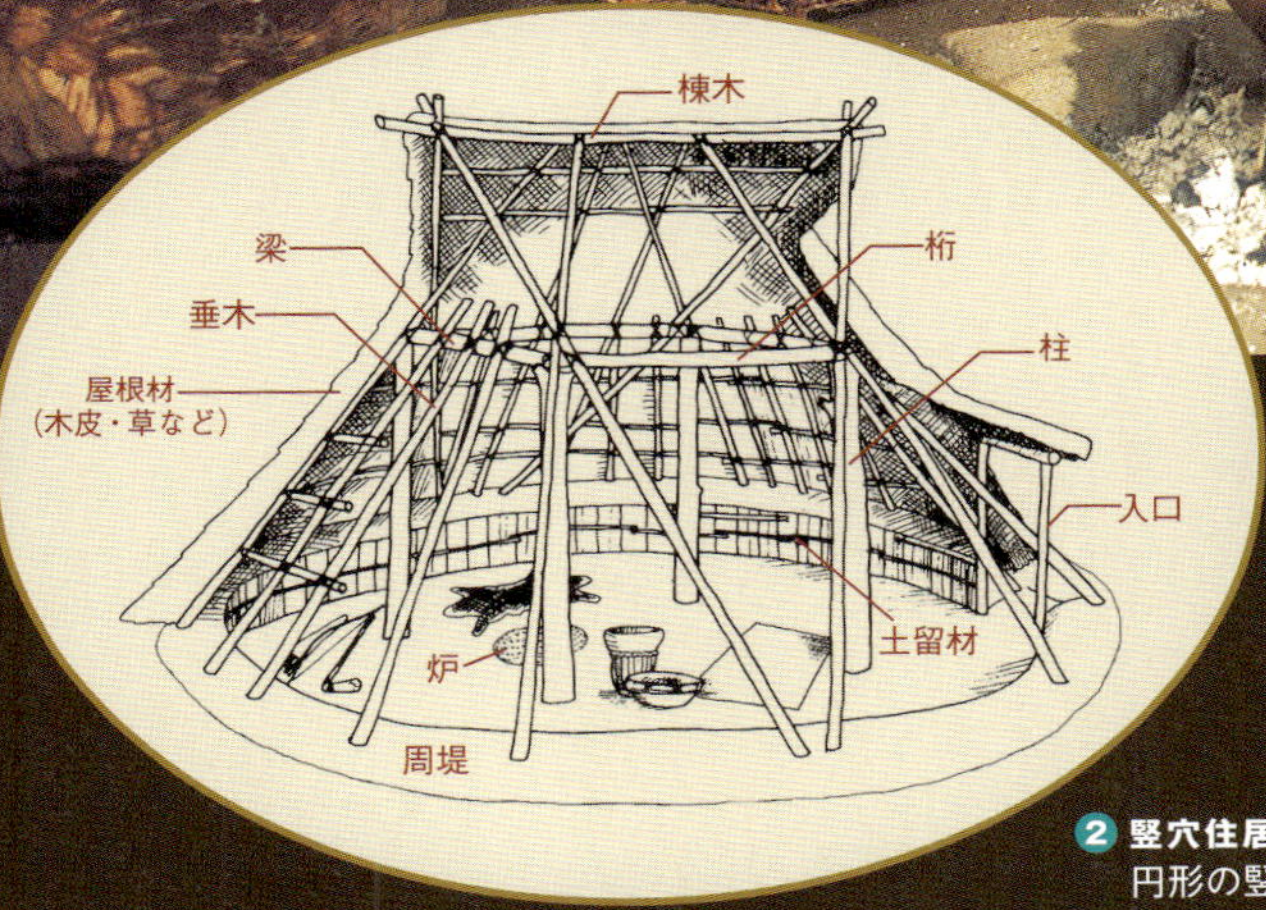

❷ 竪穴住居の構造　中期の円形の竪穴住居を想定。

15 縄文人の集落

わたしたちが実際に目にする集落遺跡というのは、その集落の縄文人が住居を新築したり、改築したり、増設したり、あるいは廃居にしたりするという、彼らの活動の痕跡が時間の経過とともにつぎつぎと重なり合ったものを、発掘という手段によって明らかにしたものです。ですから、たとえば一〇〇棟をこえるような住居跡が発見された大規模な集落遺跡でも、それらを詳細に分析してみると、時期によって大きな変化があって、そのなかには一棟だけしかないということもめずらしくはないのです。

縄文時代の住居が一棟ごとに世帯として独立し、そこでの家族構成が一組の夫婦とその子どもからなる単婚家族を基本としていたことからすれば、一棟の住居だけの集落というのも、決して不思議なことではないのです。事実、全国各地の開発にともなって、大小さまざまな集落遺跡が発掘調査されていますが、そのなかには住居跡が一棟だけしか発見されないというのも、今ではめずらしくなくなっています。

縄文時代全般をとおしてみると、集落の一時期の住居数は三棟前後という例が、じつはもっとも多いのです。そこでは、親子二世代か、多くて孫までの三世代の親族によって集落が構成されていたことになります。それが親族群として、もっとも強い絆をもつとともに、日常の生業活動などでも支障がおこらない範囲での、いわば縄文集落の基礎的な集団のサイズであったと考えられます。

一方、拠点となるような規模の大きな集落になると、住居数は一時期に一〇棟から多いものでは数十棟になります。こうした拠点集落の特徴は、住居群が親族ごとにいくつかのグループにまとめられるとともに、それらが全体として中央の広場を囲んで環状に配置される、いわゆる**環状集落**[*]とよばれる定型的な集落形態をとります。そして、中央の広場には、埋葬施設、貯蔵施設、屋外の共同調理施設、祭祀的な施設とみられる遺構などがともないますので、中央の広場は各種の共同作業や行事・祭祀の場として、集団が共同生活を営むためになくてはならない必須の場であったことがわかります。つまり中央の広場こそが、複数の親族からなる集落にあって、円滑な共同生活を送るための装置としての役割をはたしたのです。ですから、集落の規模が大きくなれば、当然、それらの装置も大きくなるので、青森県の三内丸山遺跡の巨大な**木柱遺構**[*]や大規模な**盛土遺構**[*]も、そうした共同体を維持するための装置と考えることができるのです。

縄文集落は、大規模か小規模かと、しばしば議論されてきました。しかし、そうした二者択一的な理解ではなく、自然環境が良好で食料資源に恵まれた時期には、複数の親族が集まって大規模な集落を営み、それが不足するような事態になると、個々の親族に集落を分割するというように、大小を使い分ける集落構造の仕組みこそが、限りある自然物と環境の変化に巧みに対応し、縄文社会の長期の安定化を促したのです。

＊**環状集落**
縄文集落をほかの時代の集落と区別する最大の特徴となっているが、縄文時代を通じて普遍的に存在するのではなく、東日本に集中し、それも地域ごとに発達と衰退をくり返している。

＊**木柱遺構**
柱の穴の跡か、地下の柱根の部分しか残されていない遺構を総称して木柱遺構とよぶ。

＊**盛土遺構**
土手状に盛土がされている遺構。古墳のように一気に土が盛られているのではなく、何回かの行為の積み重ねによって盛土となったもので、大量の焼土や土器、土偶などの遺物をともなうのが特徴。

❷ **向原遺跡**　3棟前後の住居の単独のグループからなる集落。中期。長野県

❸ **狙原遺跡**　住居群がいくつかまとまる複数のグループからなる集落。中期。長野県

❹ **縄文集落の風景**　長野県平出遺跡から検出された中期の資料をもとにした復元画。

15 縄文集落の風景

縄文集落では、落葉樹や照葉樹の深い林が切り開かれ、そこに雑木林という新しい環境が形成された。

❶ **前沢遺跡** 1棟の住居からなる集落。中期。長野県

16 縄文人の社会

世界の**民族誌***の研究によれば、採取狩猟民が食料などの資源をえている広さは、距離にして半径約一〇キロ、時間にして歩いて二時間の範囲であるということです。それを参考に縄文人の生業活動の広さを考えてみると、集落を中心に半径約五キロの範囲とみて、それほど大きな間違いはないものと思われます。では、縄文人の日常的な生活における人びととの社会交流も、そうした集落から数キロの範囲に限定されていたのでしょうか。

そこで、縄文人の生業活動に欠かせない石器を例に考えてみましょう。一口に石器といっても、狩猟具である石鏃や石槍などの鋭利な刃先を必要とする道具には、黒耀石《こくようせき》、サヌカイト、頁岩《けつがん》などの硬くて貝殻状の割れ口をもつ石材、植物質食料を製粉する道具である石皿や磨石などには、安山岩、閃緑岩《せんりょくがん》、硬砂岩《こうさがん》などのザラザラとした多孔質の石材を用いました。一方、木材を伐採する石斧には、蛇紋岩《じゃもんがん》、凝灰岩《ぎょうかいがん》、粘板岩《ねんばんがん》などの硬くて緻密な石材を用いるというように、縄文人は、石器の用途に応じて多種類の石材を使い分けていました。

こうした縄文人が用いた多種類の石材は、集落の周辺からすべて供給できたわけではありません。たとえば武蔵野台地の遺跡からは、黒耀石でつくった石器が出土します。この黒耀石は火山性の天然ガラスですので、その産地は特定の火山地帯に限られます。その原産地を

＊民族誌
フィールドワークという手法をとおして、今を生きる世界のさまざまな人類集団の生活を記録し、記述したもの。

調べてみると、長野県の霧ヶ峰産と東京都の神津島産が多く、そのほか神奈川県の箱根産や静岡県の天城産のものなどがあります。また、装身具に用いた翡翠《ひすい》は、新潟県の姫川《ひめかわ》と青海川《おうみがわ》の周辺で産出されます。武蔵野台地の各遺跡から出土する翡翠も、この地方から供給されたものです。一方、石皿や磨石など製粉具に用いた砂岩や閃緑岩は、近隣の河川から供給された在地のものです。つまり縄文人が使っていた石材の供給は、遺跡付近に産出する在地の石材と、遺跡から遠く離れた遠隔地の石材の組み合わせから成り立っていました。

このように、石器の石材一つとっても明らかなように、縄文時代の社会では、移動する物資の流通・配付は集落ごとに個別におこなわれていたのではなく、そうした流通・配付の仕組みを集落の上位組織である**村落**＊が握り、そうした村落が主体となって、ほかの村落との折衝や情報の交換をおこなうなど、複雑で高度に組織化されていたのです。だからこそ、縄文人が必要とする多種類の物資が、広範囲で、かつ遠隔地のものも含めて、集落ごとに安定的に供給されていたのです。

こうした村落には、必ず拠点となる環状集落があって、それが村落の中核となる役割を担っていました。ですから、環状集落における中央の広場というのは、ただたんにその集落の構成員だけでなく、村落の全構成員が結集する場の役割をもあわせもっていたのです。また、環状集落が解体され、集落が小型・分散化する東日本の後期には、秋田県の大湯《おおゆ》遺跡に代表される大型の環状列石がつくられますが、それは環状集落での中央の広場にかわって、環状列石が村落での生活を円滑にするための役割をはたしたのです。

＊村落
縄文時代の社会は、一つの集落が独立した生業活動を営んでいるようにみえても、実際には、いくつかの集落が集まって、共同体的な組織をつくっている。そうした集落を統合する社会組織を村落とよぶ。

❷武蔵野台地への遠隔地石材の供給　黒耀石や翡翠、琥珀など遠隔地石材が武蔵野台地に安定的に供給されていたことは、そうした供給のネットワークが組織されていたことがわかる。

16 遠隔地石材の供給

利器の石材としてもっとも優れている黒耀石は、酸性火山の溶岩が急冷して固まってできた天然のガラスである。火山の多い日本列島で黒耀石の原産地は、100カ所以上が確認されているが、良質の黒耀石となると北海道の白滝・十勝、長野県の霧ヶ峰周辺、九州の腰岳などに限られる。とくに霧ヶ峰産の黒耀石は、東北地方から近畿地方の広い範囲に供給されていた。

珪質頁岩

サヌカイト

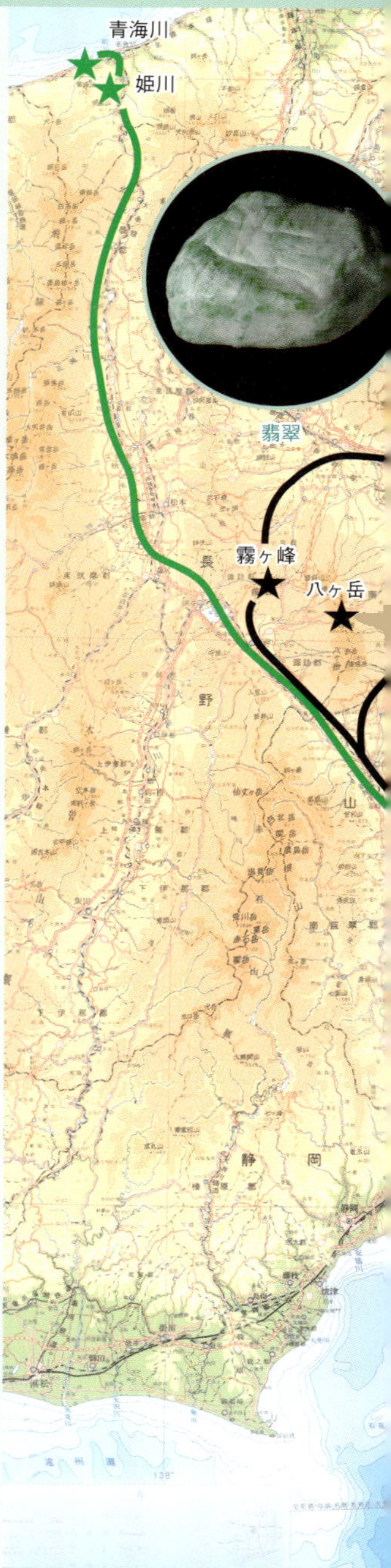

❶ **三大石器石材**　黒耀石は、北海道、中部・関東地方、九州地方に一大原産地がある。この黒耀石の一大原産地にはさまれた東北地方には、珪質頁岩が豊富に産出し、近畿・中国・四国地方には、サヌカイトの原産地があって、これらが縄文時代の三大石器石材となっている。

17 分業の特質

翡翠や黒耀石など原産地が限定されているものが、各地の縄文遺跡から発見され、このことが縄文時代に活発な「交易」があった証拠とされてきました。しかし、辞書で「交易」を引くと、「互いに品物を交換して商いすること」（『広辞苑』第五版）と説明しています。このように、「交易」という用語には商い、つまり交換によって利益をえるという意味があります。「交易」には後の商人へと発展する集団の介在があることから、**社会的分業***が成立してはじめて可能な経済活動といえるのです。

では、縄文時代を代表する「交易品」といわれている**翡翠***で考えてみましょう。列島内での翡翠は、質の良し悪しを別にすれば、北海道から長崎県までの約一〇カ所で確認されていますが、縄文時代の遺跡から出土した翡翠の原産地は、すべて新潟県の姫川と青海川産であることが、蛍光エックス線分析によって確かめられています。新潟県西頸城地方には、縄文時代の硬玉生産遺跡が分布しています。それは硬玉の製品と未製品、それから加工具などの出土遺物とその出土状況から、硬玉が生産されたと特定できたのです。しかし、硬玉生産遺跡として古くから著名な長者ヶ原遺跡にしろ、硬玉工房をともなう竪穴住居跡が検出されたことで知られる寺地《てらじ》遺跡にしろ、硬玉に関係した遺物を除けば、石鏃、打製石斧、石皿、磨

＊社会的分業
分業には、大きく分けて社会内分業と作業場内分業があり、さらに社会内分業は、自然発生的分業と社会的分業に区分される。自然発生的分業が食料を獲得する生業（生産）から自立できないのに対して、分業が食料生産から自立して、生産者が互いに異なった生産部門や職業に分化するのが社会的分業の特徴である。

＊翡翠
翡翠には、鉱物学的にまったく異なる軟玉と硬玉があるが、日本列島で翡翠といえば、すべて硬度七以上の硬玉である。

石、磨製石斧、石錘などの出土遺物は、ほかの遺跡とまったく共通しています。硬玉生産遺跡といえども、狩猟・植物採取・漁労活動という基本的な生業活動はおこなっていたのです。

一方、縄文時代の生産遺跡として、もっともよく知られているのが、土器を使い、海水を煮沸（煎熬《せんごう》）して食塩の結晶を採取した製塩遺跡です。煎熬に使う土器（製塩土器）は、大量消費と熱効率を高めるために、粗製で無文の薄手につくられるだけでなく、使用後の土器は、器壁がはがれ、飴《あめ》色や灰白色の炭酸石灰（$CaCO_3$）が付着するなどの特徴があります。また、煎熬で長時間火を使いますので、遺跡には、大量の焼土や灰が残されます。こうした大量の製塩土器と、焼土や灰の層の出土状況などから、縄文時代にも土器製塩をおこなっていたことが明らかとなったのです。そして、製塩遺跡以外の遺跡から製塩土器が出土し、しかも、それが海からはるかに離れた内陸部の遺跡で出土することから、製塩遺跡でえられた**余剰生産物**＊としての塩が、交換物として広い範囲に供給されていたことは間違いありません。しかし、製塩遺跡として著名な茨城県の法堂《ほうどう》遺跡からは、製塩遺跡に関係した遺構・遺物以外にも、貝塚と獣骨が遺存し、打製石斧、石皿、磨石、敲石などが出土しています。ここでも、狩猟・植物採取・漁労活動という基本的な生業活動はおこなっていたのです。

ということは、縄文時代の硬玉や塩などの生産活動は、たとえ余剰生産物を生みだしていたとしても、そこでの生産は、食料を獲得するための生業の片手間におこなわれていたことになります。つまり縄文時代の分業は、いまだ自然条件に制約された未発達な段階にあって、商人などが介在する「交易」とよばれるような経済活動ではなかったことになります。

＊**余剰生産物**
生産物が、その集団の消費をこえて余ったもの。

❷ 縄文の「水産加工場」　中里貝塚は、武蔵野台地の東端の崖線下、かつての縄文時代の海岸線にそって、貝層が幅約70m、長さが約1kmにもおよぶ。発掘調査によって、貝層の厚さが約5m、貝の種類は、カキとハマグリがほとんどを占め、貝を加工・処理した跡やカキの養殖を思わせるような杭列が発見された。

中里貝塚で検出された厚さ5m近い貝層

台地上の西ヶ原貝塚の貝層

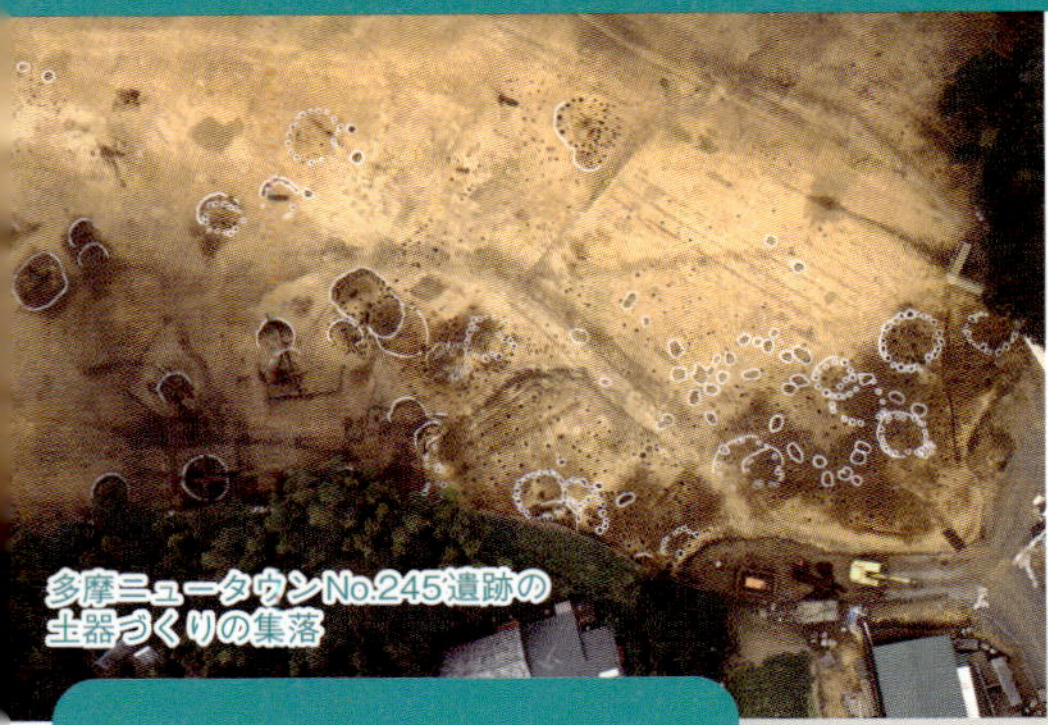

多摩ニュータウンNo.245遺跡の土器づくりの集落

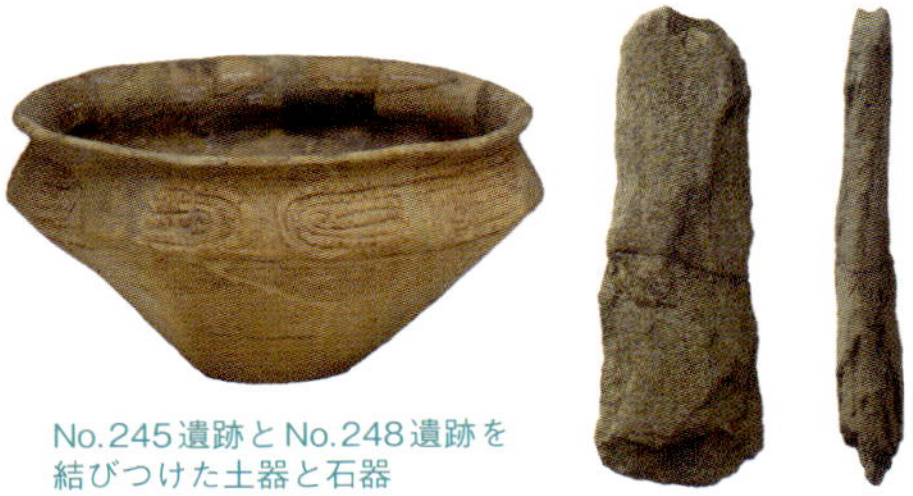

No.245遺跡とNo.248遺跡を結びつけた土器と石器

❸ 粘土採掘跡と土器づくりの集落

多摩ニュータウン内のNo.248遺跡は、中期から後期の列島で最大規模の粘土採掘跡である。この粘土採掘跡から約250m南のNo.245遺跡は、同時期の土器づくりの集落で、この2つの遺跡から出土した土器と石器が接合したことから、No.245遺跡の集落の人びとがNo.248遺跡で粘土を採掘し、集落にもち帰って、土器を製作していたことがわかった。

多摩ニュータウンNo.248遺跡で検出された粘土採掘跡

17 縄文時代の大規模な生産遺跡

長野県鷹山遺跡群の「縄文鉱山」を彷彿とさせる黒耀石採掘跡、東京都中里貝塚の「水産加工場」を思わせる貝塚遺跡、東京都多摩ニュータウンNo.248遺跡の国内で最大規模の粘土採掘跡などのように、従来の縄文遺跡からは想像できないような大規模な生産遺跡が発見されている。これらの遺跡に共通する特徴は、1つには、自家消費のためではなく、交換財をえるための生産の場であること、2つには、ここで生産に従事した人びとが暮らした場所がないこと、3つには、集落の上位組織である村落の共同管理のもとで、長期にわたって利用されていたことである。こうした特徴からいえることは、縄文時代では、それぞれの地域での特産品を交換財とするために、その生産活動を生業の一環に組み込むことで、長期かつ安定的に交換財をえていたのである。

現地表面で観察される採掘跡の凹み

黒耀石採掘跡の発掘

❶ **黒耀石採掘跡**　鷹山遺跡群の一角にある星糞峠の約3万㎡の範囲に、最大で直径20ｍをこす縄文時代の黒耀石採掘跡が200カ所以上も確認された。現地表面で1つの採掘跡とみられた大きな凹みは、数回から十数回の採掘活動によって形成され、それが長期にわたる採掘活動によって残された。

縄文時代の採掘活動を推定復元した模型

18 身分階層はあったか

縄文時代が複雑で高度に組織化された社会であることから、その社会を指揮する首長層ないし貴族層などの身分階層が、縄文時代にもあったとの主張があります。たとえば小林達雄は、福岡県の山鹿貝塚で二〇枚をこえる貝輪をはめた女性をはじめとして、文様を彫刻した鹿角製の腰飾りをつけた男性など、副葬品をともなう埋葬例がみられることから、縄文社会にも身分階層があって、そこには奴隷層までいた可能性さえあると考えています。また、**新進化主義学説***をリードしたサーヴィス（Elman Rogers Service）が社会発展の諸段階として、バンド社会、部族社会、首長制社会、国家社会、産業社会という五段階説を唱えましたが、そのうちの首長制社会の存在を縄文時代に想定する研究者が増えてきています。

サーヴィスの首長制社会とは、バンド社会と部族社会という性や年齢にもとづくもののほかは経済的な分化などがみられない平等主義的な氏族社会から、いきなり階級的な政治社会である国家が成立するのではなく、氏族社会と国家社会の間に、それらとは質的に異なる社会発展の段階を世界の民族誌を実例に設定し、それを首長制社会とよんだのです。首長制社会は、特定の出自集団が世襲する一般成員と区別される首長ないし貴族層が、社会内の経済、政治、宗教活動などを統括しています。社会の経済基盤として、高い生産力にともなう余剰

＊新進化主義学説　ダーウィンの進化論の影響のもとに、人類の文化や歴史が未開社会から近代西欧社会へと一元的に進化したとする単系進化論と、新たに個々の文化や歴史は異なる環境への適応の仕方によっては異なる進化を遂げるという多系進化論の二つの進化の考えを総合化させて、人類の文化や歴史をとらえようとする学説。

と、その余剰が首長のもとにいったん供出された後に、公共事業や祭祀への参加、首長たちへの奉仕の見返りなどという形で、一般成員に再分配されます。この再分配の行為によって、首長たちの威信と一般成員からの支持が期待でき、それにより高次の社会統合と組織化が可能となりますが、国家のような政治機関はもたない社会です。

こうした首長制社会が縄文時代に想定できるのかといえば、否と答えざるをえません。たしかに縄文社会でも、安定した生活を営むためには、そこに豊かな経験と知識をもった長老がリーダーとして指導的な役割をはたしていたことは間違いありません。また、そうした社会を維持していくためには、原始的な**アニミズム***があったとも思います。小林が事例とした腰飾りをつけた男性などが、そうしたリーダーの可能性は高いし、二〇枚をこえる貝輪を身につけていた女性が、少女時代から呪術にたけ、直接労働をおこなわない人物であった可能性があります。しかし、これらの人物が共同墓地の一角に葬られ、傑出した墓を築かなかったことから、これらの人物が身分階層として固定した階層から生まれたものではないことは明らかです。

それよりも縄文時代の大規模な土木工事を彷彿とさせる大型遺構が、たとえば弥生時代の墳丘墓や古墳時代の前方後円墳に代表される古墳などと違って、特定の個人や集団の権力とは結びつかない、いわば共同体の記念物として構築されていることは、その社会が基本的には互恵と平等主義にもとづいた氏族共同体社会であったことを雄弁に物語っています。サーヴィスの社会発展の五段階説にしたがえば、彼のいう部族社会にもっとも近いといえます。

*アニミズム
自然界のあらゆる事物には霊魂が存在し、諸現象はその霊魂の働きによるものと信じて、それを信仰あるいは崇拝すること。

3 山鹿貝塚　共同墓地の一画に葬られた2・3・4号人骨のうち、2号女性人骨にサメ歯製耳飾り2、鹿角製垂飾品2、緑色大珠の胸飾り1、貝製腕輪19、3号女性人骨にかんざし2、貝製腕輪26が副葬されていた。福岡県。後期

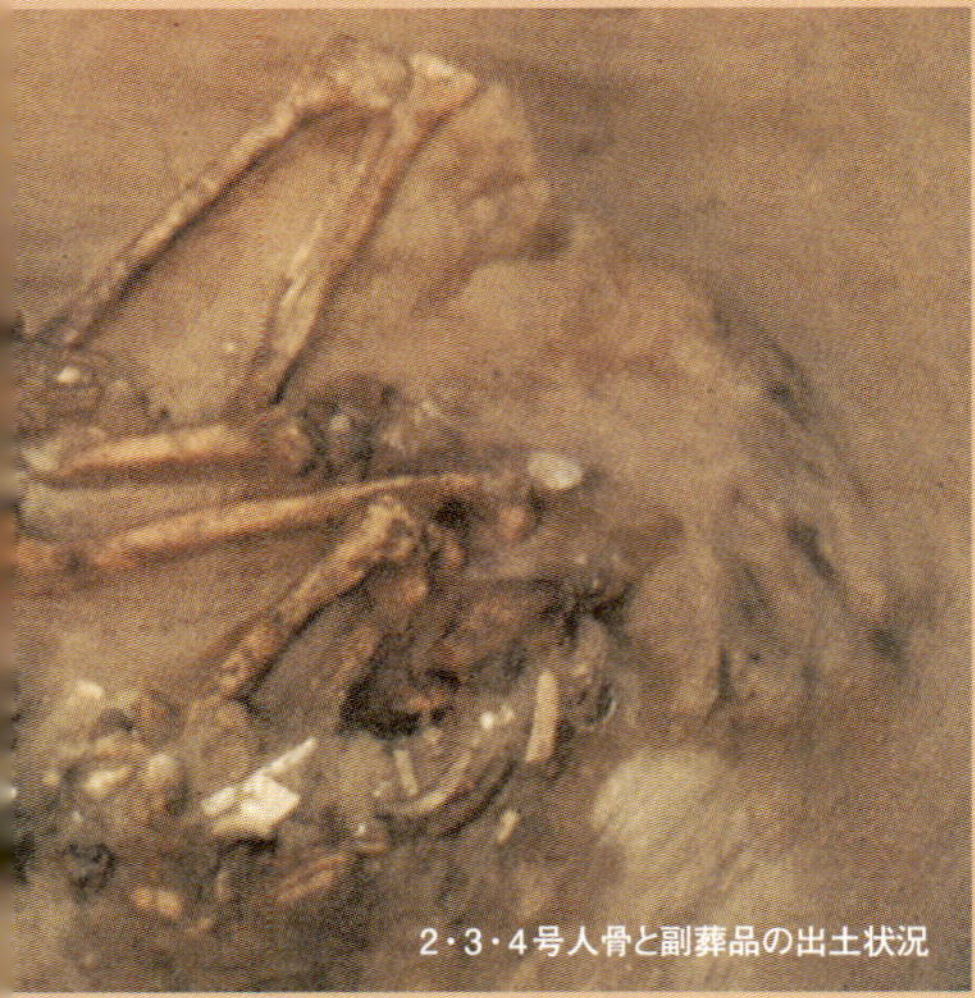
2・3・4号人骨と副葬品の出土状況

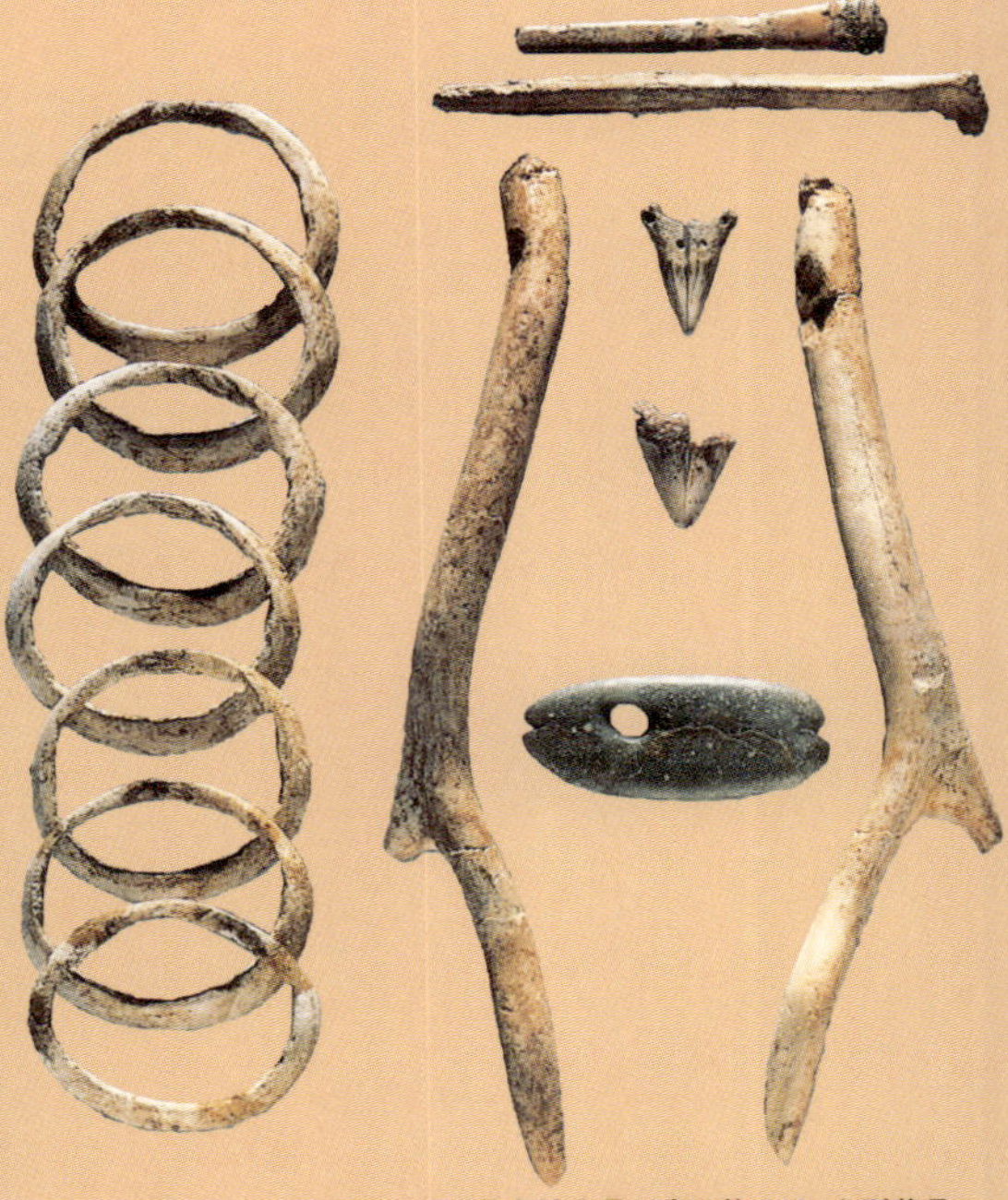
2・3号女性人骨が身に着けていた副葬品

第1号周堤墓

4 柏木B遺跡　共同墓地である周堤墓内の第1112号土坑墓には、石棒1、磨製石斧1、細長い円礫1、丸玉64、ミニチュア土器1が副葬されていた。北海道。後期末

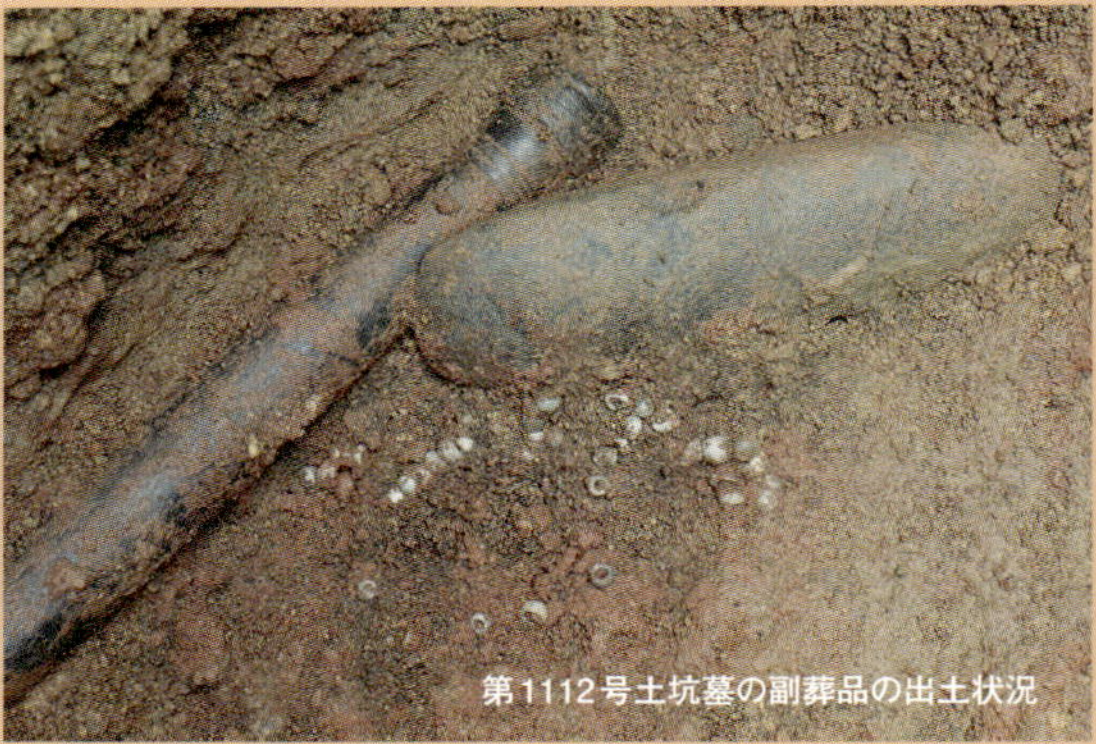
第1112号土坑墓の副葬品の出土状況

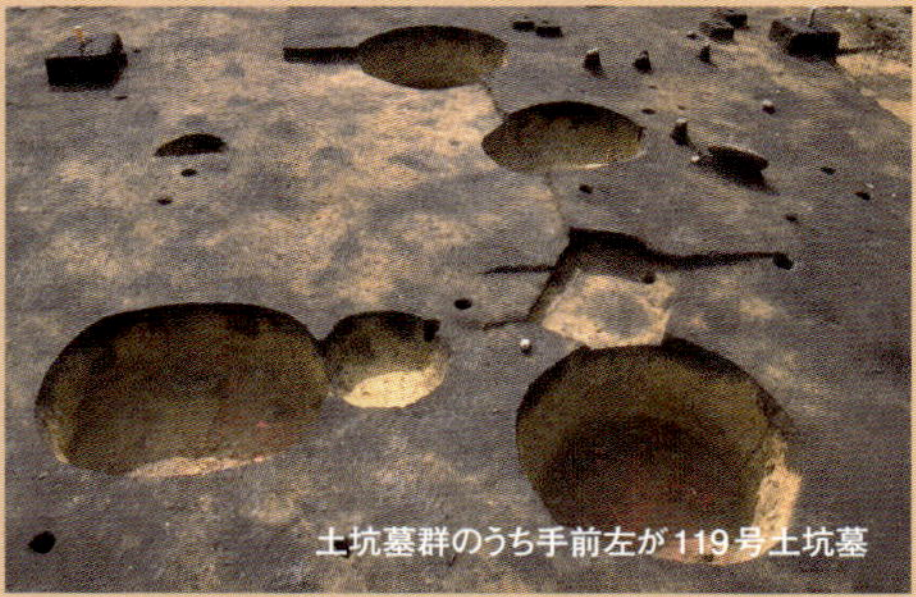
土坑墓群のうち手前左が119号土坑墓

5 カリンバ3遺跡　300基以上の墓からなる共同墓地のうち、30号・118号・119号・123号土坑墓には漆塗りの櫛、頭飾り、耳飾り、腕輪、腰飾りなどが副葬されていた。北海道。後期末から晩期初頭

119号土坑墓出土の漆塗りの櫛

墓と副葬品

縄文時代の墓は、すべて集団の共同墓地であるという特徴をもつ。そうした共同墓地のなかには、特別に副葬品をともなう墓もあるが、それは長老として指導的役割をはたしたり、狩猟や漁労などの技能、あるいは霊能にたけているなど、生前に集団の維持・発展に貢献した人を敬ったものである。

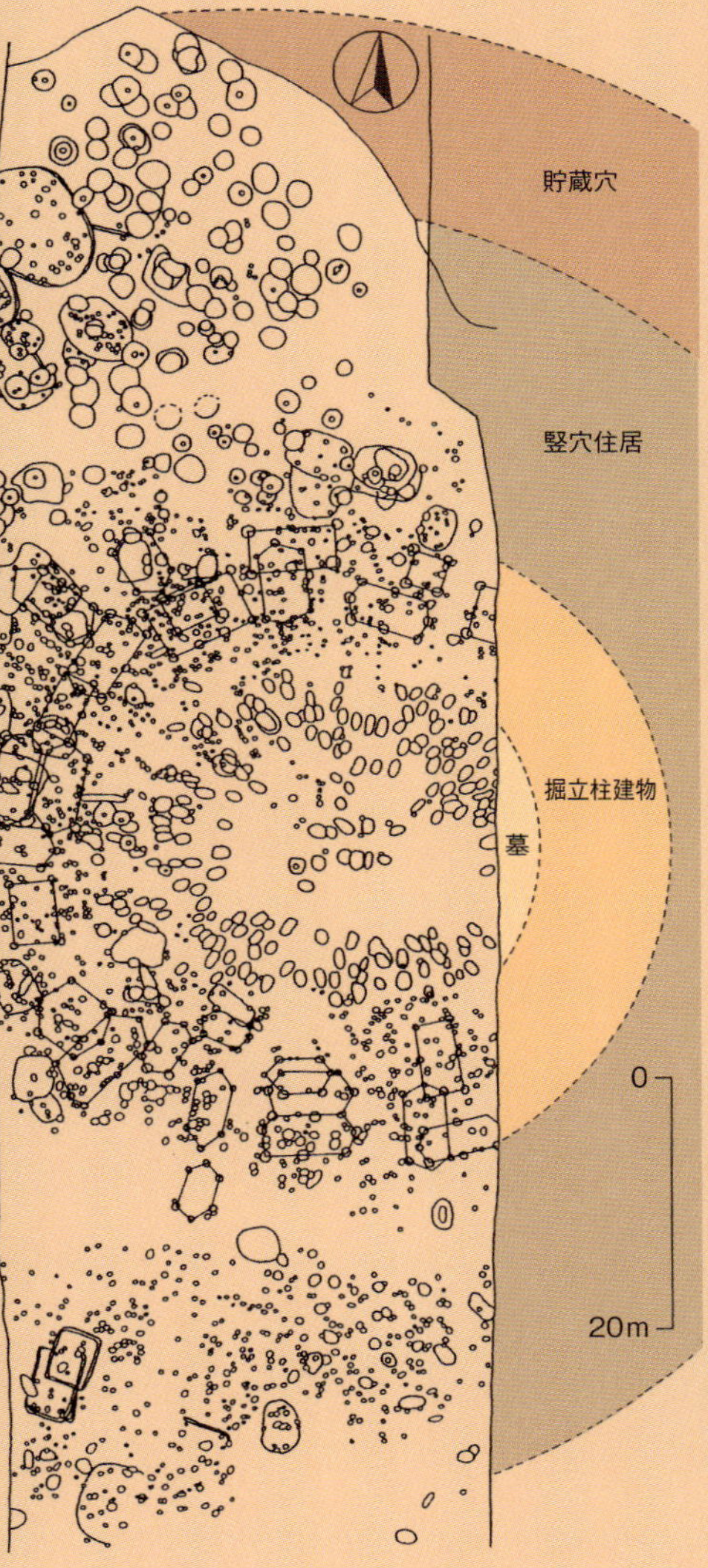

❶ **集落内に墓地をともなう定型的な集落**　岩手県の西田遺跡では、中央に墓地をともなう広場、そのまわりを掘立柱建物や竪穴住居、貯蔵穴などが同心円状に配置されている。中央の墓地からは、192基の土坑墓が確認されているが、外周する掘立柱建物とともに、いくつかのグループに分けられる以外に際立った違いはない。中期中ごろ

❷ **大規模な祭祀施設をともなう墓地**　秋田県の大湯遺跡では、配石墓群が二重にめぐり、全体として環状列石と呼ばれる。環状列石の外側には、墓地に付随した掘立柱建物跡がめぐっており、周辺に点在する複数の集落の共同の墓地と祭祀の場と考えられる。万座環状列石。後期中ごろ

19 縄文のイネの謎

縄文時代に何らかの農耕があったとする、いわゆる縄文農耕論は古くから議論されてきました。たとえば在野の考古学者として著名な藤森栄一は、戦後の早い時期に、中部高地の縄文遺跡の繁栄と非狩猟的な道具の組み合わせなどから、少なくとも縄文中期には農耕があったと主張しました。しかし、農耕の直接の証拠となる栽培植物が発見されなかったこともあって、藤森などが主張した**縄文農耕論***は、仮説のままとどまらざるをえませんでした。

ところが、福井県の鳥浜貝塚でヒョウタンやエゴマなどの栽培植物が発見されると、堰を切ったように、各地の縄文遺跡から栽培植物の発見がつづきました。とくに一九九〇年代にレプリカ法という新たな分析法の開発によって、中期以降になると栽培ダイズやアズキ、ヒエなどの大きさの穀物まで栽培されていたことが明らかとなってきました。

一方、プラント・オパール分析法では、縄文時代の後・晩期の西北九州を中心に**イネ***まで栽培されていた可能性が指摘されてもいます。では、これで縄文農耕論が立証されたかというと、ことはそう簡単ではありません。というのは、縄文時代に植物の栽培があっても、それらが歴史を変えるような存在になりえたかという、その役割こそが歴史学では問題となるからです。しかし、縄文時代の植物の栽培は、数千年間という長い間、大きな発展をみせる

＊縄文農耕論
藤森らの縄文中期農耕論が中部高地を舞台として論じられたのに対して、九州を中心とする西日本の後・晩期に稲作をともなう可能性のある農耕が存在したと主張したのが、賀川光夫らの縄文後・晩期農耕論である。

＊イネ
今のところ縄文時代にさかのぼるイネは、プラント・オパールしか資料がないので、これだけで縄文時代にイネが栽培されていたと証拠づけることはできない。

ことなく、ついに一時たりとも、縄文時代の生産や社会を恒常的に支える経済基盤とはならなかったからです。

縄文時代に仮にイネが栽培されていたとします。それでも、なぜ縄文人は自然物にたよる生活をやめて、計画的に食料を生産する生活に切り替えなかったのでしょうか。その謎は、じつは縄文時代の栽培形態にあったのです。というのは、ダイズやアズキ、ヒエなどは、いずれも畑作物です。また、水田稲作以前の縄文時代のイネは、福岡県の四箇遺跡や宮崎県の桑田遺跡などのプラント・オパール分析や花粉分析によっても、**焼畑***による栽培だったと想定されています。しかも、藤原宏志によれば、縄文土器の胎土から検出されたイネのプラント・オパールは、多くが畑作系の**熱帯ジャポニカ***だということです。

火山灰土壌が広くおおう日本列島は、作物の生育に重要なリン酸が極端に不足するばかりか、作物に不向きな酸性土壌のために、大規模な土壌改良なしには、畑作として不適な土地です。また、焼畑であっても、雨量が多い温帯モンスーン地域にあるために、肥料となる灰が多量の雨で流失してしまうことから、十分な効果は期待できません。それ以上に厄介なのは、雑草の繁茂で、その処理に大変手間がかかります。そのために、仮にイネが縄文時代にもちこまれていたとしても、それは野生の植物との境界がないような多様な利用という、あくまでも獲得経済の枠のなかでの利用にとどまらざるをえなかったのです。

しかし、縄文人が植物栽培の知識と経験をもっていたことが、つぎにくる水田稲作などの農耕生活を受け入れる準備を進めることになったことも、また確かなことです。

***焼畑**
焼畑が仮に縄文時代におこなわれていたとしても、それが耕地、つまり常畑をともなわないということでは、天然の大地と未分化なものであった。

***熱帯ジャポニカ**
イネの品種にはジャポニカとインディカがあるが、ジャポニカは、さらに温帯ジャポニカと熱帯ジャポニカに分かれる。温帯ジャポニカが水稲と密接に結びつくのに対して、熱帯ジャポニカは、陸稲と密接に結びつくという特徴がある。

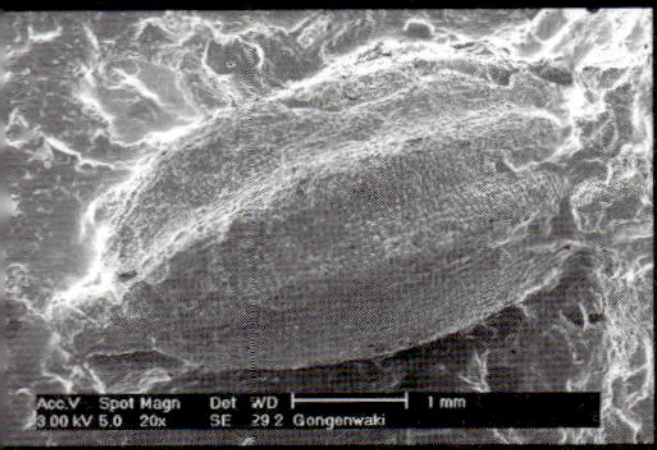

イネ

アワ

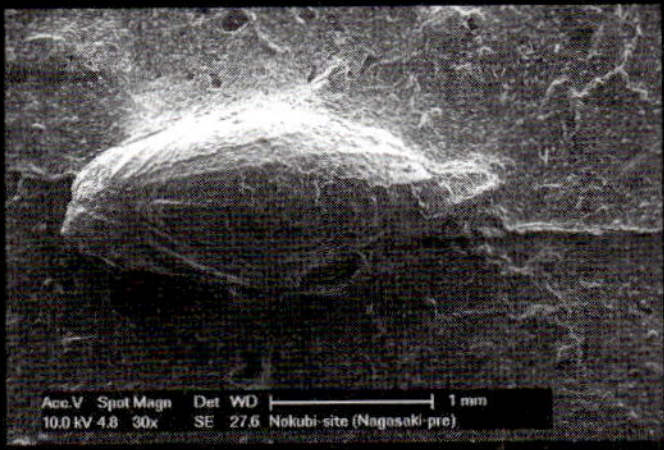

ヒエ

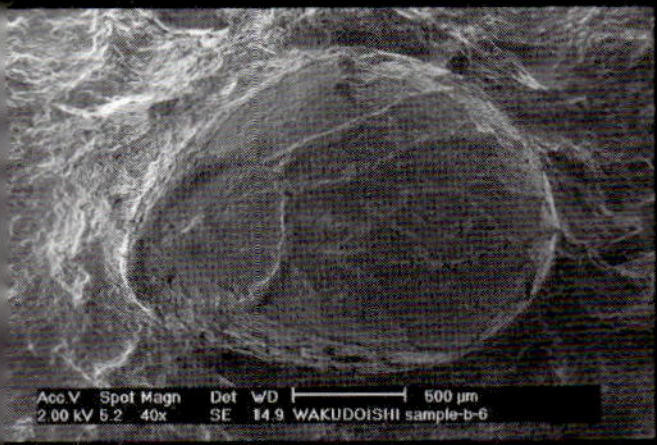

エゴマ

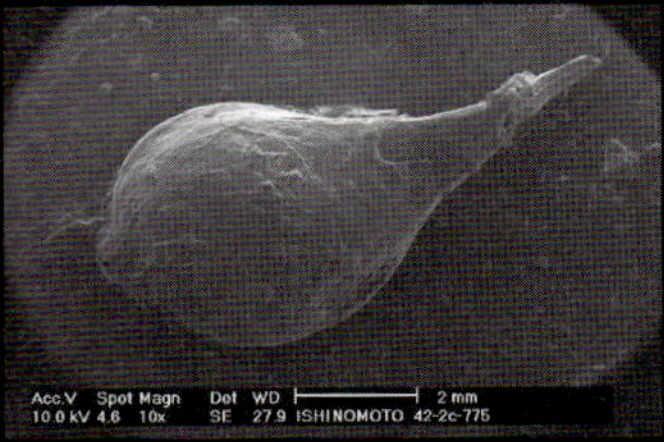

ハトムギ

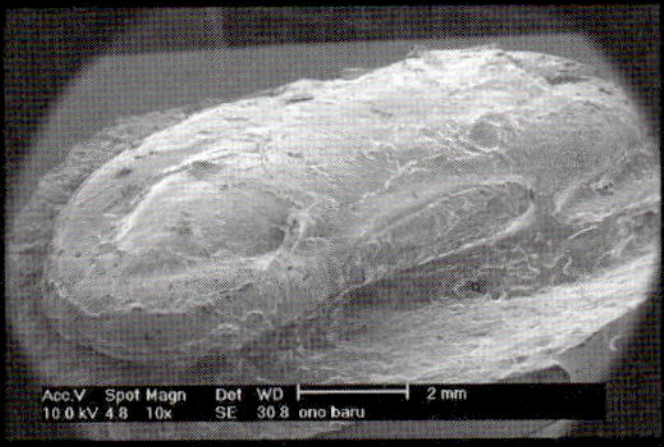

ダイズ

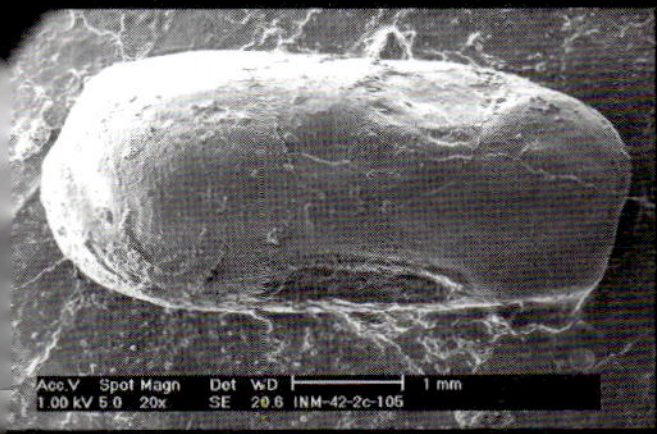

アズキ

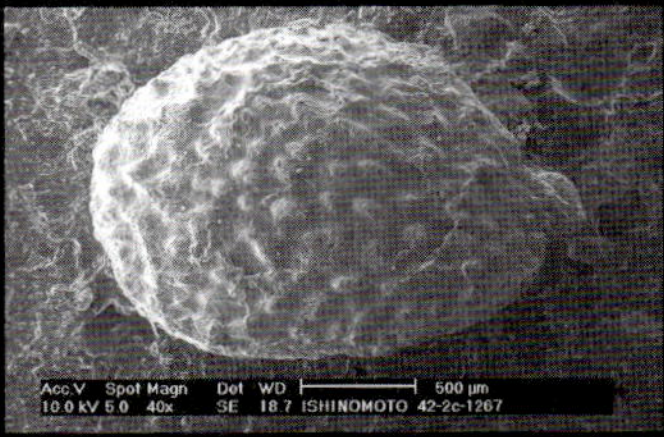

カジノキ

❷ 縄文土器にみられる圧痕資料　土器の圧痕資料は、あくまでも間接資料であることから、疑似圧痕の可能性もあることに注意する必要がある。なお、イネの圧痕資料については、弥生土器の可能性が指摘されていて、その後の研究でも、確実に縄文土器のイネの圧痕資料といわれるものは、今のところ確認できていない。

左からイネ、ヒエ、エゴマ、ダイズ、アズキ

❸ ダイズの圧痕がついた土器　縄文中期の蛇体装飾把手付土器の把手部分からダイズの圧痕（上写真の矢印）が発見されている。山梨県酒呑場遺跡

プラント・オパール分析法とレプリカ法

イネ科植物は、珪酸体とよばれるガラス質の特殊な細胞をつくるが、それは種類によって形態が異なるという特徴をもつ。枯れ死したイネ科植物のうち、有機質の部分は分解してしまうが、植物珪酸体は、肉眼ではみえない微化石（約50μ）であるプラント・オパールとなって土壌中に残される。このプラント・オパールを検出し、過去のイネ科植物の種類を明らかにしようというのがプラント・オパール分析法である。しかし、プラント・オパールは、微化石であるだけに、花粉などとともに、後世の混入や試料の汚染（コンタミネーション）などを完全に除去できないという疑念がもたれたときに、改めて注目されたのがレプリカ法である。これは土器の表面や内部に残された植物種子の圧痕を型にとって、それを電子顕微鏡で観察し、種などを同定するものである。このレプリカ法では、圧痕が残された土器そのものが年代決定の資料となるので、土器の型式認定や圧痕を残した種などの同定を間違わない限り、とにかく疑念がもたれているコンタミネーションの問題は回避される。いずれにしても、分析法には、長所と短所があるので、それぞれの分析法をクロス・チェックすることで、縄文人が利用した植物の種類が明らかとされるであろう。

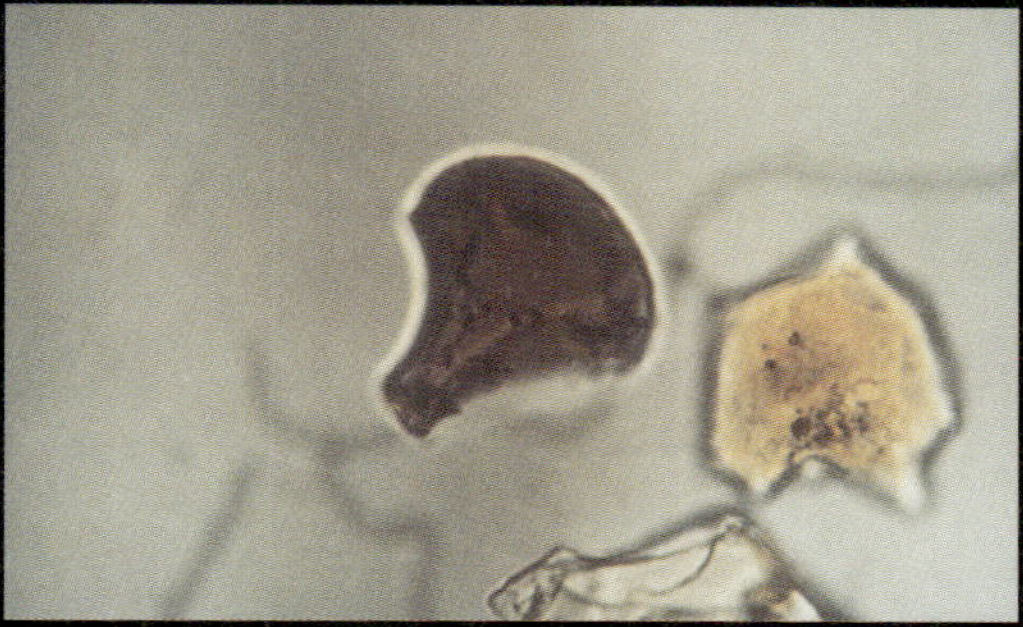

縄文晩期初頭の土器から検出されたイネのプラント・オパール（熊本県上南部遺跡）

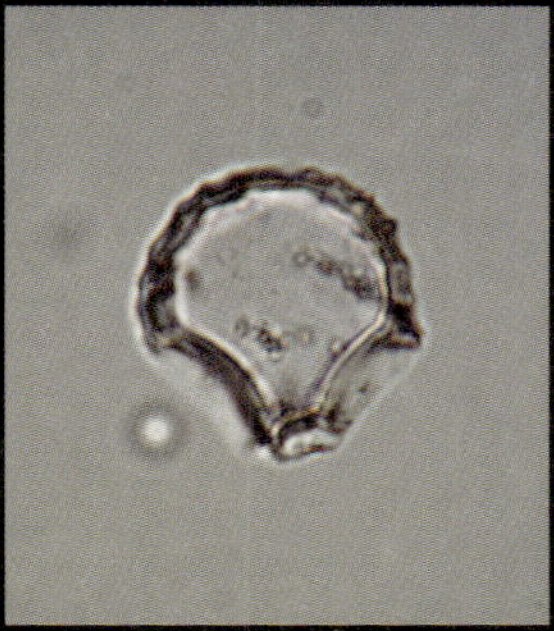

イネ（インディカ）

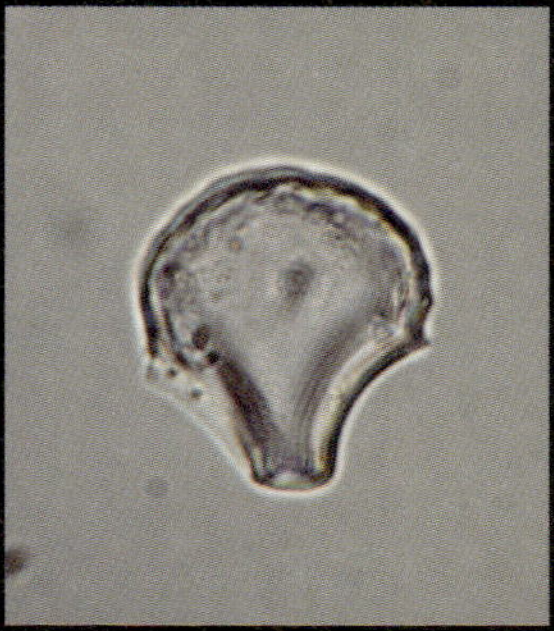

イネ（温帯ジャポニカ）

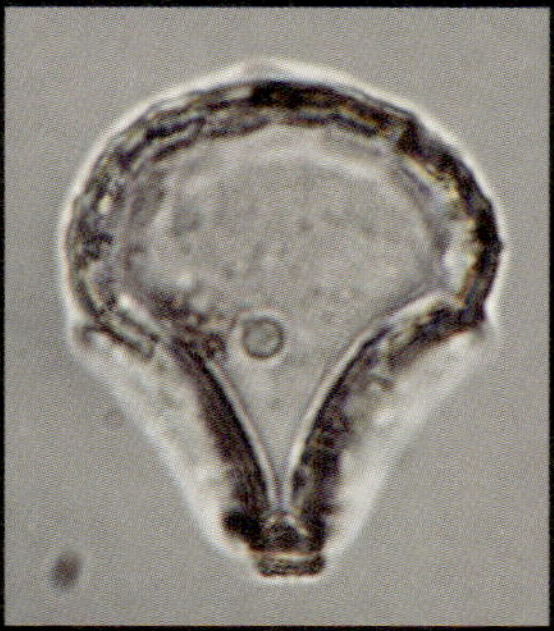

イネ（熱帯ジャポニカ）

50μm

❶ **イネ科植物のプラント・オパール**　プラント・オパールは、無機質であるだけでなく、1000℃前後の熱にも耐えられることから、焼成温度が700～900℃の縄文土器の場合、胎土中のプラント・オパールは変形しないで残ることになる。そこで、縄文土器の胎土中からプラント・オパールを検出することで、後世の混入という問題は解決できる。

20 縄文から弥生へ

縄文人は、早い時期から栽培植物を利用していながら、日本列島が畑作に不適な自然条件ということもあって、列島の環境の多様性を最大限に利用する獲得経済の段階にとどまっていました。そうした縄文時代の獲得経済を変革する技術革新が大陸からもたらされます。水田稲作とやや遅れて金属器です。とりわけ水田稲作は、畦畔《けいはん》や灌漑《かんがい》水路、堰《せき》をもち、木製農耕具や石製収穫具をともなう、高度で集約的な農耕でした。

さて、朝鮮半島で水田稲作が開始されたのは、紀元前一〇〇〇年前後と考えられています。この時期の中国は、殷《いん》から周《しゅう》へと政権が交代する時代で、こうした戦乱を避け、あるいは難民となった山東半島やその周辺の集団が、朝鮮半島に水田稲作技術をもたらしました。そのことは結果として、朝鮮半島での緊張を生み、今度は朝鮮半島南部の集団が日本列島に渡来する契機となり、列島に完備した水田稲作技術と道具をもたらすことになりました。

水田稲作ほど日本列島の環境に適した農耕はないことから、その技術の導入は、豊かな自然の恵みを享受していた縄文人に、農耕という新しい経済生活へと踏みきらせることになったのです。しかも、すでに四季の食料獲得の方法を熟知し、各地の環境にあわせた植物栽培の知識と経験をももっていた縄文人は、水田稲作技術を導入するに際しても、従来の縄文地域文化を否定するのではなく、その伝統の上に、新たな稲作文化を複合していきました。

そして、それは日本列島における大きな歴史の転換点となったのです。北海道、本州、四国、九州の四つの島とその付属島、それから南西諸島からなる日本列島は、それぞれの地域の環境に応じた多様な地域文化を育みながら、独自の縄文文化を発展させました。しかし、もともと亜熱帯の植物であるイネが生育するには、北海道の気候はきびしすぎますし、灌漑に適する地形条件のない隆起サンゴ礁などからなる南西諸島では、水田を開く条件がありません。そのために、水田稲作を基盤とした弥生時代が開始されると、北海道と南西諸島は、縄文時代以来の生業や生活を改良して、独自の道を歩むことになりました。前者を**続縄文文化***、後者を**後期貝塚文化***とよび、それぞれ後のアイヌ文化や琉球王国の礎となります。

一方、旧石器時代も含めると、約四万年にもおよんだ獲得経済の時代は、互恵と平等主義につらぬかれた社会でした。それがひとたび水田稲作を基盤とする生産経済に移行すると、それが最初から高度で集約的であっただけに、それを指揮・監督する首長を必要とし、その首長と農民層という階級分化の進行とともに、土地と水をめぐっての争いが首長の権力の強化と政治的に統合した社会を生み出し、一〇〇〇年前後という短期間に、巨大な前方後円墳を造営するような古墳時代へと突き進んでいくことになるのです。

縄文時代までは、主に人間と自然との間にあった対立関係が、弥生時代には、人間と人間との新たな対立関係が生じ、それはやがて国家という機構をつくりだすという、そうした大きな歴史の転換点に、日本列島に居住する人びとは立たされることになったのです。

＊続縄文文化
縄文時代につづく時代の北海道を中心とする地域文化。山内清男が本州各地で弥生土器が発達した後も、北海道を中心に縄文土器の伝統を強く残す土器を「続縄文式」と名づけたのに由来し、生業の基盤を獲得経済においている。

＊後期貝塚文化
南西諸島で貝塚の形成が盛んな時代の地域文化。本州の縄文時代に並行する時代を前期貝塚文化、それ以後を後期貝塚文化とし、生業の基盤は、いずれも獲得経済においている。

熊が彫刻された骨角器

鹿角製の銛頭

南海産イモガイの貝輪

貝製品（貝符・竜佩形垂飾・小玉）

<table>
<tr><th>西暦</th><th>北海道</th><th>本州・四国・九州</th><th>南西諸島</th></tr>
<tr><td>1800</td><td rowspan="6">アイヌ時代</td><td rowspan="2">江戸時代</td><td rowspan="4">尚氏時代</td></tr>
<tr><td>1700</td></tr>
<tr><td>1600</td><td>安土・桃山時代</td></tr>
<tr><td>1500</td><td rowspan="2">室町時代</td></tr>
<tr><td>1400</td><td rowspan="2">グスク時代</td></tr>
<tr><td>1300</td><td>鎌倉時代</td></tr>
<tr><td>1200</td><td rowspan="5">擦文時代</td><td rowspan="4">平安時代</td><td rowspan="3">（生産経済時代）</td></tr>
<tr><td>1100</td></tr>
<tr><td>1000</td></tr>
<tr><td>900</td><td rowspan="14">後期貝塚時代</td></tr>
<tr><td>800</td><td rowspan="2">奈良時代</td></tr>
<tr><td>700</td><td rowspan="10">続縄文時代</td></tr>
<tr><td>600</td><td rowspan="4">古墳時代</td></tr>
<tr><td>500</td></tr>
<tr><td>400</td></tr>
<tr><td>300</td></tr>
<tr><td>200</td><td rowspan="9">弥生時代</td></tr>
<tr><td>A.C.100</td></tr>
<tr><td>0</td></tr>
<tr><td>B.C.100</td></tr>
<tr><td>200</td></tr>
<tr><td>300</td><td rowspan="10">縄文時代</td></tr>
<tr><td>400</td></tr>
<tr><td>500</td><td rowspan="8">前期貝塚時代
（縄文時代）</td></tr>
<tr><td>600</td></tr>
<tr><td>700</td><td rowspan="6">縄文時代</td></tr>
<tr><td>800</td></tr>
<tr><td>900</td></tr>
<tr><td>1000</td></tr>
<tr><td>1100</td></tr>
<tr><td>1200</td></tr>
</table>

3 日本列島の縄文時代以降の歴史年表

20 もう二つの日本文化

日本列島で水田稲作を基盤とした弥生時代が開始されると、北海道と南西諸島では、弥生文化とは違う、個性豊かなもう二つの日本文化を生んだ。北海道では、縄文文化の伝統を引き継ぎながらも、海獣や大型の魚類を捕獲する海洋の民である続縄文文化を生み、やがて北方の民とのつながりをつよくもつアイヌ文化を育んでいく。南西諸島では、サンゴ礁の海の幸と貝のアクセサリーを交換財として、後期貝塚文化を生み、やがて中国大陸や東南アジアとの関係を深めながら、琉球王国を形成することになる。

続縄文文化

中央の小さな島の全体が有珠モシリ遺跡

❶ **有珠モシリ遺跡**　北海道の続縄文時代を代表する遺跡で、鹿角製の銛頭の発達から、海獣や大型魚類を捕獲した海洋の民を彷彿とさせる。西日本にみられる改葬墓や南海産イモガイの貝輪などが出土していることから、本州島以南とのかかわりが注目される。

後期貝塚文化

広田遺跡の発掘風景

貝輪

❷ **広田遺跡**　南西諸島の後期貝塚時代を代表する遺跡で、九州や本州島の遺跡から出土するゴホウラやオオツタノハ製の貝輪が出土。独特の文様を刻んだ貝符や竜佩形の貝製垂飾などは南西諸島地域独特のものであり、工芸的にも優れたものとして注目される。

21 縄文時代に学ぶ

縄文時代は、一万年近くもつづくというように、世界史でも類をみないほど安定した社会を築きました。しかも、縄文土器や漆工技術などに代表される原始工芸の極致とよばれるほどの高い技術を示し、その内容も、先史文化では類をみないほど豊かな社会だったことがわかります。そして、ここが重要なことですが、縄文社会の豊かさを指し示す遺物や遺構というのは、特定の個人や集団とは結びつかない、生活の道具であり、共同体の記念物であるという特徴をもっているということです。

縄文時代は獲得経済社会ですが、その獲得経済という用語は、人類側からみたものです。自然の側からみれば、一方的な略奪にほかなりません。それでも縄文時代が一万年近くもつづいたということは、自然の略奪（人類からみると自然の獲得）が、自然の再生産を妨げないように抑えられていたということです。ですから、縄文時代にも余剰が生まれますが、縄文人は余った時間や労働力を、拡大再生産に振り向けないような、自然と共生する道を選んだのです。

そして、縄文人は、余った時間や労働力を、直接生産に結びつかない労働、あるいは共同体での生活を円滑にするための活動へと振り向けていきました。縄文土器にみられる実用的な用途から遊離した装飾文様、精巧な櫛や耳飾りなどの装身具、土偶や石棒などの呪術的な遺物、あるいは漆器などの製品が時期を追って豊かになってくることが、そのことを雄弁に物語っています。また、古くは秋田県の大湯遺跡で発見された配石遺構、近年では東日本で発見例が増している巨大な柱根をもつ木柱遺構、あるいは北海道の周堤墓などは、共同体の記念物として構築されたものです。

縄文社会の豊かさを指し示す遺構や遺物は、縄文人の生活感覚から生まれた産物です。縄文人は地球の資源が有限であることを経験的に自覚して、その再生産のなかに生活をゆだねる、今でいうスローライフを選択していたのです。そして、縄文人がスローなライフスタイルを選択したからこそ、弥生時代以降のように、個人や集団が富を独占するというような、極端な不平等もおこらなかったのです。しかし、その縄文人ですら、時には、自然の再生産をこえるような人口の増加を引き起こし、自然から手痛いしっぺ返しを受けていたことは、すでに紹介したとおりです。

二〇世紀の人類社会に高度成長をもたらした大量生産・大量消費型の生活様式は、世界的な天然資源の枯渇や地球温暖化に象徴される世界規模の環境破壊をもたらしました。そのため、二一世紀の社会のあり方として、スローなライフスタイルを基調に、環境と共生した持続型の社会が求められてきています。二一世紀が「環境の世紀」といわれる所以ですが、そうした今世紀だからこそ、自然と共生し、スローライフを選択した縄文人の生き方に学ぶべきことは多いのではないでしょうか。

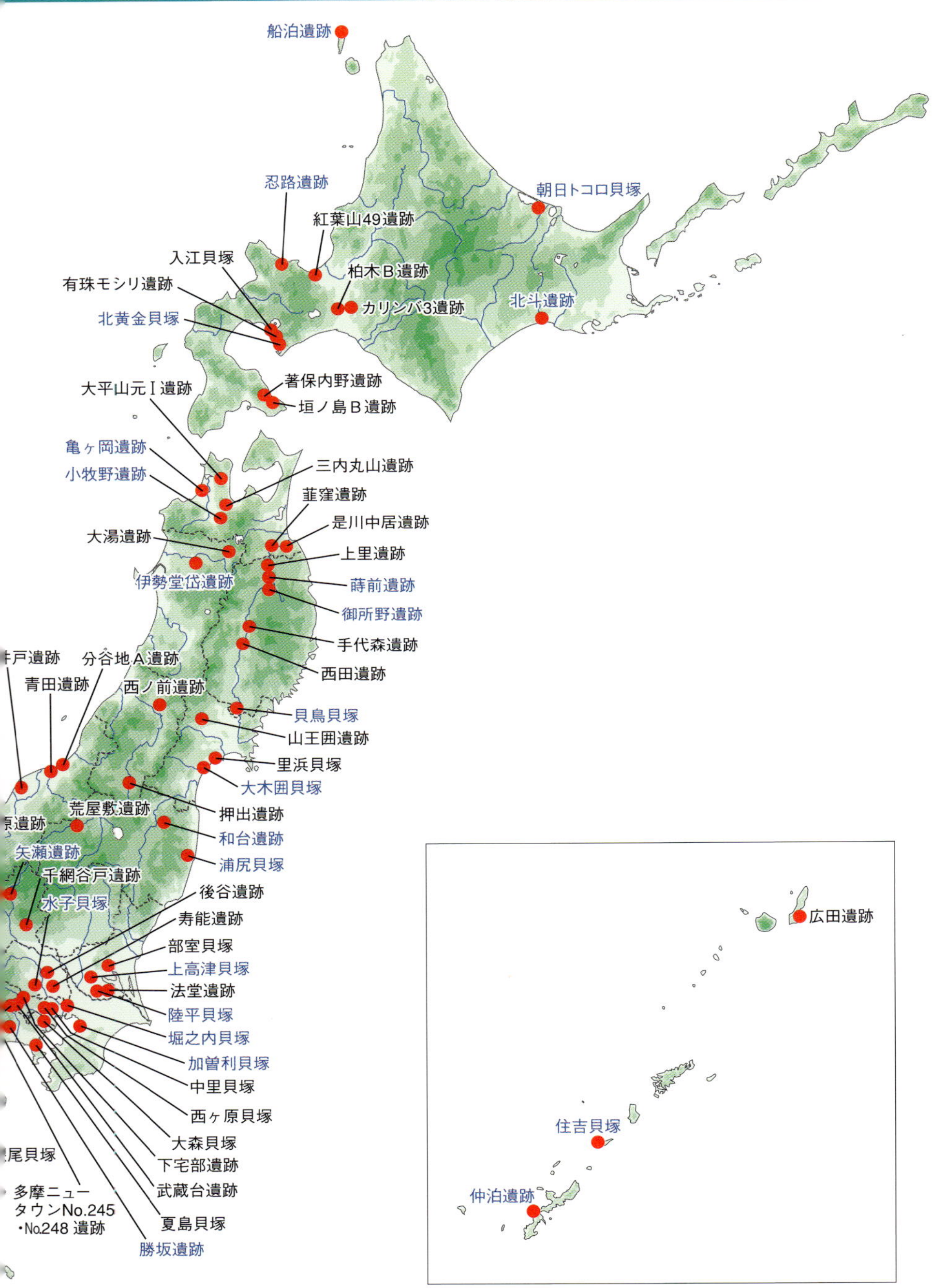

船泊遺跡
忍路遺跡
朝日トコロ貝塚
紅葉山49遺跡
入江貝塚
柏木Ｂ遺跡
有珠モシリ遺跡
カリンバ3遺跡
北斗遺跡
北黄金貝塚
著保内野遺跡
大平山元Ⅰ遺跡
垣ノ島Ｂ遺跡
亀ヶ岡遺跡
三内丸山遺跡
小牧野遺跡
韮窪遺跡
是川中居遺跡
大湯遺跡
上里遺跡
伊勢堂岱遺跡
蒔前遺跡
御所野遺跡
手代森遺跡
西田遺跡
分谷地Ａ遺跡
青田遺跡
西ノ前遺跡
貝鳥貝塚
山王囲遺跡
里浜貝塚
大木囲貝塚
荒屋敷遺跡
押出遺跡
和台遺跡
矢瀬遺跡
浦尻貝塚
千網谷戸遺跡
後谷遺跡
水子貝塚
寿能遺跡
部室貝塚
上高津貝塚
法堂遺跡
陸平貝塚
堀之内貝塚
加曽利貝塚
中里貝塚
西ヶ原貝塚
大森貝塚
下宅部遺跡
多摩ニュータウンNo.245・No.248遺跡
武蔵台遺跡
夏島貝塚
勝坂遺跡
広田遺跡
住吉貝塚
仲泊遺跡

本書で紹介した遺跡・一度は訪ねたい遺跡

＊本書で紹介していないが、一度は訪ねてみたい遺跡は青字で表示。

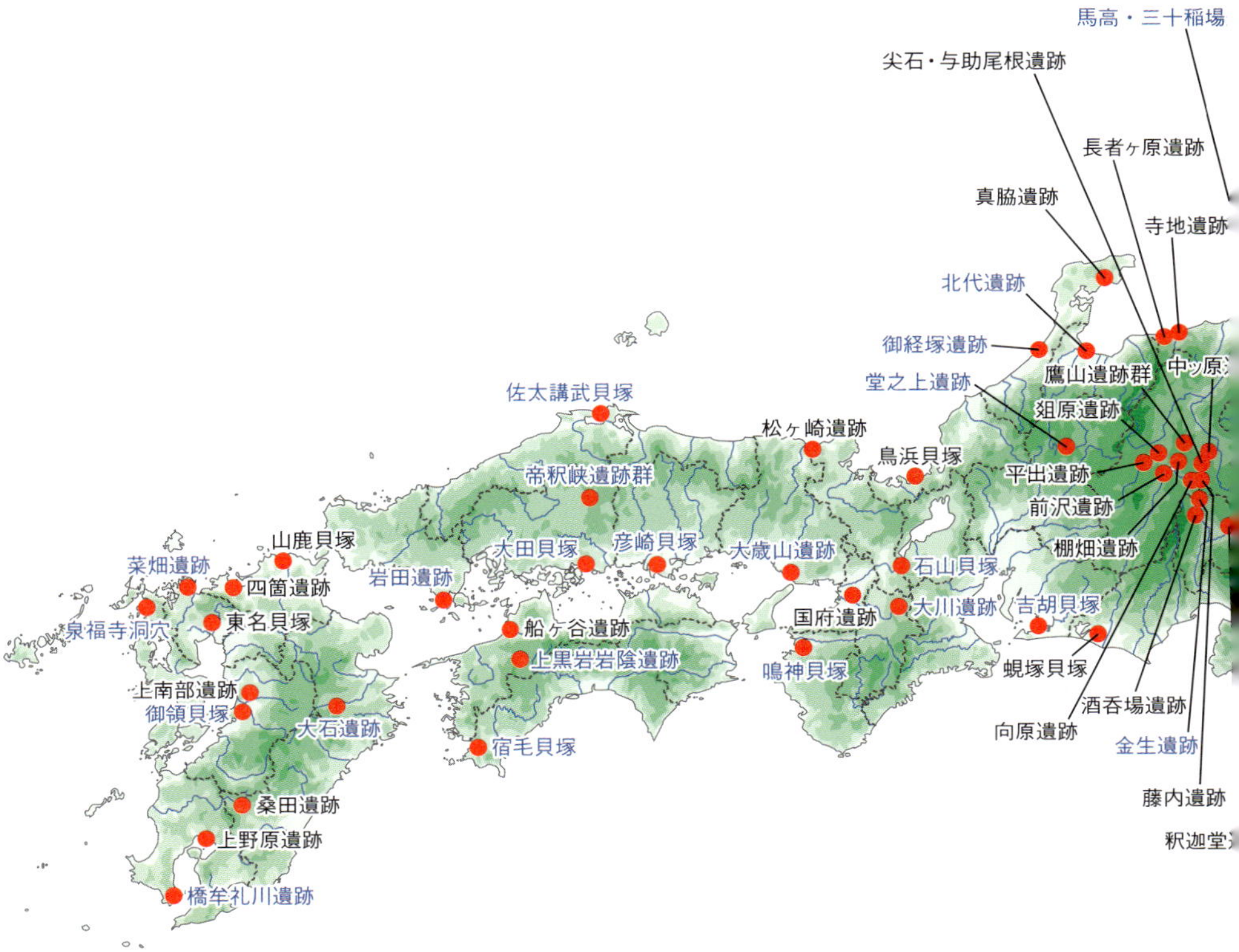

● **寺地**（てらじ）**遺跡** ——**17**
ⓐ新潟県糸魚川市大字寺地　ⓑJR北陸本線青海駅下車徒歩約15分　ⓒ国史跡、寺地遺跡公園　ⓓ市立長者ヶ原考古館（糸魚川市大字一ノ宮1383　TEL 025-553-1900）

● **長者ヶ原**（ちょうじゃがはら）**遺跡** ——**17**
ⓐ新潟県糸魚川市一ノ宮　ⓑJR北陸本線糸魚川駅下車徒歩約25分　ⓒ国史跡、長者ヶ原遺跡公園　ⓓ市立長者ヶ原考古館（糸魚川市大字一ノ宮1383　TEL 025-553-1900）

● **真脇**（まわき）**遺跡** ——**08・09**
ⓐ石川県鳳珠郡能登町字真脇　ⓑのと鉄道穴水駅からバスで真脇下車　ⓒ国史跡、真脇遺跡公園　ⓓ町立真脇遺跡縄文館（能登町字真脇48-100　TEL 0768-62-4800）

● **鳥浜**（とりはま）**貝塚** ——**01・11・19**
ⓐ福井県三方上中郡若狭町鳥浜　ⓑJR小浜線三方駅下車徒歩約30分　ⓒ河床　ⓓ県立若狭歴史博物館（小浜市遠敷2-104　TEL 0770-56-0525）、町立若狭三方縄文博物館（若狭町鳥浜122-12-1　TEL 0770-45-2270）

● **蜆塚**（しじみづか）**貝塚** ——**06**
ⓐ静岡県浜松市中区蜆塚4丁目　ⓑJR東海道線浜松駅からバスで博物館下車　ⓒ国史跡、蜆塚公園　ⓓ浜松市博物館（浜松市中区蜆塚4-22-1　TEL 053-456-2208）

● **松ヶ崎**（まつがさき）**遺跡** ——**09**
ⓐ京都府京丹後市網野町木津字松ヶ崎　ⓑ北近畿タンゴ鉄道木津温泉駅下車徒歩約5分　ⓒ宅地・山林　ⓓ京都府埋蔵文化財調査研究センター（向日市寺戸町南垣内40-3　TEL 075-933-3877）

● **国府**（こう）**遺跡** ——**04・11**
ⓐ大阪府藤井寺市惣社2丁目　ⓑ近鉄南大阪線土師ノ里駅下車徒歩約15分　ⓒ国史跡、史跡公園　ⓓ関西大学博物館（大阪府吹田市山手町3-3-35　TEL 06-6368-1171）

● **船ヶ谷**（ふながたに）**遺跡** ——**06**
ⓐ愛媛県松山市船ヶ谷町　ⓑJR予讃線三津浜駅下車徒歩約15分　ⓒ工場・宅地　ⓓ県立愛媛県歴史文化博物館（西予市宇和町卯之町4-11-2　TEL 0894-62-6222）

● **山鹿**（やまが）**貝塚** ——**18**
ⓐ福岡県遠賀郡芦屋町大字山鹿字狩尾　ⓑJR鹿児島本線折尾駅からバスで柏原下車　ⓒ県史跡、林地・宅地　ⓓ芦屋歴史の里・歴史民俗資料館（芦屋町大字山鹿1200　TEL 093-222-2555）

● **四箇**（しか）**遺跡** ——**19**
ⓐ福岡県福岡市早良区四箇田団地　ⓑJR博多駅からバスで四箇団地下車　ⓒ住宅団地　ⓓ福岡市埋蔵文化財センター（福岡市博多区井相田2-1-94　TEL 092-571-2921）

● **東名**（ひがしみょう）**貝塚** ——**08・10**
ⓐ佐賀県佐賀市金立町　ⓑJR長崎本線佐賀駅からタクシー利用　ⓒ国史跡、調整池　ⓓ東名縄文館（佐賀市金立町千布（巨勢川調整池内）　TEL 0952-40-7368 市教育委員会）

● **上南部**（かみなべ）**遺跡** ——**19**
ⓐ熊本県熊本市上南部町苅野　ⓑJR豊肥本線武蔵塚駅下車徒歩約25分　ⓒ道路・田畑　ⓓ市立熊本博物館（熊本市中央区古京町3-2　TEL 096-324-3500）

● **桑田**（くわた）**遺跡** ——**19**
ⓐ宮崎県えびの市大字上江字桑田　ⓑJR吉都線えびの上江駅下車徒歩約25分　ⓒ田畑　ⓓ市立歴史民俗資料館（えびの市大字大明司2146-2　TEL 0984-35-3144）

● **上野原**（うえのはら）**遺跡** ——**05・14**
ⓐ鹿児島県霧島市国分上野原縄文の森　ⓑJR日豊本線国分駅からタクシー利用　ⓒ国史跡、上野原縄文の森　ⓓ県立上野原縄文の森展示館（霧島市国分上野原縄文の森1-1　TEL 0995-48-5701）

● **広田**（ひろた）**遺跡** ——**20**
ⓐ鹿児島県熊毛郡南種子町平山字広田　ⓑ種子島空港からタクシー利用　ⓒ国史跡・砂丘　ⓓ鹿児島県歴史資料センター黎明館（鹿児島市城山町7-2　TEL 099-222-5100）、広田遺跡ミュージアム（南種子島町平山2571　TEL 0997-24-4811）

本書で紹介した遺跡（神奈川〜鹿児島）

ⓐ所在地　ⓑ交通　ⓒ現状　ⓓ所蔵・展示先　——番号は項目索引

● **夏島**（なつしま）**貝塚** ——**05**
ⓐ神奈川県横須賀市夏島町　ⓑ京浜急行線追浜駅下車徒歩約15分　ⓒ国史跡、山林　ⓓ明治大学博物館（東京都千代田区神田駿河台1-1　TEL 03-3296-4448）

● **羽根尾**（はねお）**貝塚** ——**11**
ⓐ神奈川県小田原市羽根尾　ⓑJR東海道本線国府津駅からバスで中村原下車　ⓒ工業団地　ⓓ小田原市郷土文化館（小田原市城内7-8　TEL 0465-23-1377）

● **酒呑場**（さけのみば）**遺跡** ——**19**
ⓐ山梨県北杜市長坂町長坂上条　ⓑJR中央本線長坂駅下車徒歩約5分　ⓒ県農業試験場・宅地　ⓓ県立考古博物館（甲府市下曽根町923　TEL 055-266-3881）

● **釈迦堂**（しゃかどう）**遺跡** ——**12**
ⓐ山梨県笛吹市一宮町千米寺　ⓑJR中央本線勝沼ぶどう郷駅からバスで釈迦堂入口下車、中央自動車道釈迦堂パーキングエリア　ⓒパーキングエリア　ⓓ釈迦堂遺跡博物館（笛吹市一宮町千米寺764　TEL 0553-47-3333）

● **鷹山**（たかやま）**遺跡群** ——**17**
ⓐ長野県小県郡長和町大門　ⓑJR長野新幹線上田駅・JR中央本線茅野駅からタクシー利用　ⓒ国史跡、山林・畑地　ⓓ町立黒耀石体験ミュージアム（長和町大門3670-3　TEL 0268-41-8050）

● **俎原**（まないたばら）**遺跡** ——**15**
ⓐ長野県塩尻市大字片丘北熊井　ⓑJR中央本線塩尻駅からタクシー利用　ⓒ工業団地　ⓓ市立平出博物館（塩尻市大字宗賀1011-3　TEL 0263-52-1022）

● **平出**（ひらいで）**遺跡** ——**15**
ⓐ長野県塩尻市宗賀　ⓑJR中央本線塩尻駅下車徒歩約20分　ⓒ国史跡、平出遺跡公園　ⓓ市立平出博物館（塩尻市大字宗賀1011-3　TEL 0263-52-1022）

● **尖石・与助尾根**（とがりいし・よすけおね）**遺跡** ——**09**
ⓐ長野県茅野市豊平　ⓑJR中央本線茅野駅からバスで尖石縄文考古館前下車　ⓒ国特別史跡、尖石史跡公園　ⓓ茅野市尖石縄文考古館（茅野市豊平4734-132　TEL 0266-76-2270）

● **中ッ原**（なかっぱら）**遺跡** ——**12**
ⓐ長野県茅野市湖東山口　ⓑJR中央本線茅野駅からタクシー利用　ⓒ中ッ原縄文公園　ⓓ茅野市尖石縄文考古館（茅野市豊平4734-132　TEL 0266-76-2270）

● **棚畑**（たなばたけ）**遺跡** ——**12**
ⓐ長野県茅野市米沢　ⓑJR中央本線茅野駅下車徒歩約40分　ⓒ工場　ⓓ茅野市尖石縄文考古館（茅野市豊平4734-132　TEL 0266-76-2270）

● **藤内**（とうない）**遺跡** ——**14**
ⓐ長野県諏訪郡富士見町境　ⓑJR中央本線信濃境駅下車徒歩約15分　ⓒ町史跡、田畑　ⓓ町立井戸尻考古館（富士見町境7053　TEL 0266-64-2044）

● **向原**（むこうはら）**遺跡** ——**15**
ⓐ長野県諏訪郡富士見町烏帽子　ⓑJR中央本線信濃境駅下車徒歩約15分　ⓒ道路・田畑　ⓓ町立井戸尻考古館（富士見町境7053　TEL 0266-64-2044）

● **前沢**（まえざわ）**遺跡** ——**15**
ⓐ長野県諏訪郡原村柏木前沢　ⓑJR中央本線青柳駅下車徒歩約50分　ⓒ田畑　ⓓ原村埋蔵文化財収蔵庫（原村柏木前沢　TEL 0266-79-7930 村教育委員会）

● **分谷地A**（わけやちA）**遺跡** ——**10**
ⓐ新潟県胎内市熱田坂　ⓑJR羽越本線中条駅からタクシー利用　ⓒ田畑　ⓓ黒川郷土文化伝習館（胎内市下赤谷387-15　TEL 0254-47-3000）

● **青田**（あおた）**遺跡** ——**10**
ⓐ新潟県新発田市金塚　ⓑJR羽越本線金塚駅下車徒歩約25分　ⓒ道路・田畑　ⓓ新潟県埋蔵文化財センター（新潟市秋葉区金津93-1　TEL 0250-23-1142）

● **御井戸**（おいど）**遺跡** ——**10**
ⓐ新潟県新潟市西蒲区福井　ⓑJR越後線巻駅からタクシー利用　ⓒ河床　ⓓ市立巻郷土資料館（新潟市西蒲区巻甲3069-1　TEL 0256-72-6757）

● **大湯**（おおゆ）**遺跡** ——**16・18**
ⓐ秋田県鹿角市十和田大湯　ⓑJR花巻線鹿角花輪駅からバスで環状列石前下車　ⓒ世界文化遺産、国特別史跡、史跡公園　ⓓ市立大湯ストーンサークル館（鹿角市十和田大湯字万座45　℡0186-37-3822）

● **西ノ前**（にしのまえ）**遺跡** ——**12**
ⓐ山形県最上郡舟形町舟形字西ノ前　ⓑJR奥羽本線舟形駅下車徒歩約5分　ⓒ町史跡、史跡公園　ⓓ山形県立博物館（山形市霞城町1-8　℡023-645-1111）

● **押出**（おんだし）**遺跡** ——**11**
ⓐ山形県東置賜郡高畠町大字深沼字押出　ⓑJR奥羽本線・山形新幹線高畠駅からタクシー利用　ⓒ道路・田畑　ⓓ県立うきたむ風土記の丘考古資料館（高畠町大字安久津2117　℡0238-52-2585）

● **荒屋敷**（あらやしき）**遺跡** ——**11**
ⓐ福島県大沼郡三島町大字桑原字荒屋敷　ⓑJR只見線会津宮下駅下車徒歩約5分　ⓒ道路・田畑　ⓓ福島県立博物館（会津若松市城東町1-25　℡0242-28-6000）

● **部室**（へむろ）**貝塚** ——**04**
ⓐ茨城県小美玉市上玉里部室八幡平　ⓑJR常磐線羽鳥駅から徒歩約50分　ⓒ田畑　ⓓ市立生涯学習センターコスモス（小美玉市高崎291-3　℡0299-26-9111）

● **法堂**（ほうどう）**遺跡** ——**17**
ⓐ茨城県稲敷郡美浦村大山字法堂　ⓑJR常磐線土浦駅からタクシー利用　ⓒ田畑　ⓓ明治大学博物館（東京都千代田区神田駿河台1-1　℡03-3296-4448）

● **千網谷戸**（ちあみがいと）**遺跡** ——**11**
ⓐ群馬県桐生市川内町3丁目　ⓑわたらせ渓谷鉄道運動公園駅下車徒歩約20分　ⓒ宅地　ⓓ群馬県立歴史博物館（高崎市綿貫町992-1　℡027-346-5522）

● **郷原**（ごうばら）**遺跡** ——**12**
ⓐ群馬県吾妻郡東吾妻町郷原橋場　ⓑJR吾妻線郷原駅下車約2分　ⓒ道路・宅地　ⓓ東京国立博物館（東京都台東区上野公園13-9　℡03-3822-1111）

● **後谷**（うしろや）**遺跡** ——**12**
ⓐ埼玉県桶川市赤堀2丁目　ⓑJR高崎線桶川駅からバスで東部工業団地下車　ⓒ市史跡、後谷公園　ⓓ桶川市歴史民俗資料館（桶川市川田谷4405-4　℡048-786-4030）

● **寿能**（じゅのう）**遺跡** ——**06**
ⓐ埼玉県さいたま市寿能町2丁目　ⓑ東武野田線大宮公園駅下車徒歩約10分　ⓒ調整池　ⓓ県立歴史と民俗の博物館（さいたま市大宮区高鼻町4-219　℡048-645-8171）

● **中里**（なかざと）**貝塚** ——**17**
ⓐ東京都北区上中里2丁目　ⓑJR京浜東北線上中里駅下車徒歩約5分　ⓒ国史跡、住宅地　ⓓ北区飛鳥山博物館（北区王子1-1-3　℡03-3916-1133）

● **西ヶ原**（にしがはら）**貝塚** ——**17**
ⓐ東京都北区西ヶ原1・3丁目　ⓑ地下鉄南北線西ヶ原駅下車徒歩約2分、JR京浜東北線上中里駅下車徒歩約10分　ⓒ都史跡、学校・住宅地　ⓓ北区飛鳥山博物館（北区王子1-1-3　℡03-3916-1133）

● **大森**（おおもり）**貝塚** ——**01**
ⓐ東京都品川区大井6丁目　ⓑJR京浜東北線大森駅下車徒歩約5分　ⓒ国史跡、大森貝塚遺跡庭園　ⓓ区立品川歴史館（品川区大井6-11-1　℡03-3777-4060）、東京大学総合研究博物館（東京都文京区本郷7-3-1　℡03-5777-8600）

● **下宅部**（しもやけべ）**遺跡** ——**10・11**
ⓐ東京都東村山市多摩湖町4丁目　ⓑ西武西武園線西武園駅下車徒歩約5分　ⓒ都史跡、下宅部遺跡はっけんのもり　ⓓ八国山たいけんの里（東村山市野口町3-48-1　℡042-390-2161）

● **武蔵台**（むさしだい）**遺跡** ——**05・14**
ⓐ東京都府中市武蔵台2丁目　ⓑJR中央線・武蔵野線西国分寺駅下車徒歩約15分　ⓒ病院・林　ⓓ府中市郷土の森博物館（府中市南町6-32　℡042-368-7921）

● **多摩**（たま）**ニュータウンNo.245・No.248遺跡** ——**17**
ⓐ東京都町田市小山町28号　ⓑ京王相模原線多摩境駅下車徒歩約5分　ⓒ住宅地・商業施設　ⓓ東京都埋蔵文化財センター（多摩市落合1-14-2　℡042-373-5296）

本書で紹介した遺跡（北海道～東京）

ⓐ所在地　ⓑ交通　ⓒ現状　ⓓ所蔵・展示先　――番号は項目索引

- **カリンバ3**（かりんば3）**遺跡** ――**18**
  ⓐ北海道恵庭市黄金町　ⓑJR千歳線恵庭駅下車徒歩約10分　ⓒ国史跡、山林　ⓓ恵庭市郷土資料館（恵庭市南島松157-2　TEL 0123-37-1288）
- **柏木B**（かしわぎB）**遺跡** ――**18**
  ⓐ北海道恵庭市柏木　ⓑJR千歳線恵庭駅下車徒歩約30分　ⓒ田畑　ⓓ恵庭市郷土資料館（恵庭市南島松157-2　TEL 0123-37-1288）
- **紅葉山49**（もみじやま49）**遺跡** ――**08**
  ⓐ北海道石狩市花川北6条1丁目　ⓑJR学園都市線新琴似駅からバスで紅南小学校前下車　ⓒ遊水池　④市立いしかり砂丘の風資料館（石狩市弁天町30-4　TEL 0133-62-3711）
- **入江**（いりえ）**貝塚** ――**04**
  ⓐ北海道虻田郡洞爺湖町入江　ⓑJR室蘭本線洞爺湖駅下車徒歩約15分　ⓒ世界文化遺産、国史跡、入江貝塚公園　ⓓ町立入江・高砂貝塚館（洞爺湖町高砂44　TEL 0142-76-5802）
- **有珠**（うす）**モシリ遺跡** ――**20**
  ⓐ北海道伊達市有珠町　ⓑJR室蘭本線有珠駅下車徒歩約20分　ⓒ独立小島・山林　ⓓ伊達市開拓記念館（伊達市梅本町61-2　TEL 0142-23-2061）
- **著保内野**（ちょぼないの）**遺跡** ――**12**
  ⓐ北海道函館市尾札部町　ⓑJR函館本線函館駅からタクシー利用　ⓒ田畑　ⓓ函館市縄文文化交流センター（函館市臼尻町551-1　TEL 0138-25-2030）
- **垣ノ島B**（かきのしまB）**遺跡** ――**11**
  ⓐ北海道函館市臼尻町　ⓑJR函館本線函館駅からバスで垣島橋下車　ⓒ道路・山林　ⓓ函館市縄文文化交流センター（函館市臼尻町551-1　TEL 0138-25-2030）
- **大平山元Ⅰ**（おおだいやまもといち）**遺跡** ――**02**
  ⓐ青森県東津軽郡外ヶ浜町字蟹田大平山元　ⓑJR津軽海峡線大平駅下車徒歩約10分　ⓒ世界文化遺産、国史跡、史跡公園　ⓓ町立大山ふるさと資料館（外ヶ浜町字蟹田大平沢辺34-3　TEL 0174-22-2577）
- **三内丸山**（さんないまるやま）**遺跡** ――**01・12・15**
  ⓐ青森県青森市大字三内字丸山　ⓑJR奥羽本線青森駅からバスで三内丸山遺跡前下車　ⓒ世界文化遺産、国特別史跡、縄文の丘・三内まほろばパーク　ⓓ県立縄文時遊館（青森市大字三内字丸山305　TEL 017-781-6078）
- **韮窪**（にらくぼ）**遺跡** ――**06**
  ⓐ青森県八戸市大字田面木字韮窪　ⓑJR八戸線本八戸駅からタクシー利用　ⓒ道路　ⓓ青森県埋蔵文化財調査センター（青森市新城字天田内152-15　TEL 017-788-5701）
- **是川中居**（これかわなかい）**遺跡** ――**11**
  ⓐ青森県八戸市大字是川字中居　ⓑJR八戸線本八戸駅からバスで縄文学習館前下車　ⓒ世界文化遺産、国史跡、是川縄文の里　ⓓ八戸市埋蔵文化財センター・是川縄文館（八戸市大字是川字横山1　TEL 0178-38-9511）
- **上里**（うわさと）**遺跡** ――**14**
  ⓐ岩手県二戸市石切所字上里　ⓑJR東北新幹線・いわて銀河鉄道二戸駅下車徒歩約20分　ⓒ道路・田畑　ⓓ岩手県埋蔵文化財センター（盛岡市下飯岡11-185　TEL 019-638-9001）
- **手代森**（てしろもり）**遺跡** ――**12**
  ⓐ岩手県盛岡市手代森字大沢　ⓑJR東北本線岩手飯岡駅からバスで手代森下車　ⓒ田畑　ⓓ岩手県立博物館（盛岡市上田字松屋敷34　TEL 019-661-2831）
- **西田**（にしだ）**遺跡** ――**18**
  ⓐ岩手県紫波郡紫波町犬渕　ⓑJR東北本線日詰駅下車徒歩40分　ⓒ鉄道・山林　ⓓ岩手県埋蔵文化財センター（盛岡市下飯岡11-185　TEL 019-638-9001）
- **山王囲**（さんのうがこい）**遺跡** ――**11**
  ⓐ宮城県栗原市一迫真坂字山王　ⓑJR東北新幹線くりこま高原駅からタクシー利用　ⓒ国史跡、一迫山王史跡公園　ⓓ栗原市一迫埋蔵文化財センター（栗原市一迫真坂鎌折46-2　TEL 0228-57-6012）、明治大学博物館（東京都千代田区神田駿河台1-1　TEL 03-3296-4448）
- **里浜**（さとはま）**貝塚** ――**08・11**
  ⓐ宮城県東松島市宮戸字里　ⓑJR仙石線野蒜駅からタクシー利用　ⓒ国史跡、さとはま縄文の里史跡公園　ⓓ奥松島縄文村歴史資料館（東松島市宮戸字里81-18　TEL 0225-88-3927）

おもな引用・参考文献

参照した項目

会田容弘 2007『**松島湾の縄文カレンダー・里浜貝塚**』新泉社 ──**07・08**

青森県史編さん考古部会編 2002『**青森県史 別編　三内丸山遺跡**』青森県 ──**01**

秋元信夫 2005『**石にこめた縄文人の祈り・大湯環状列石**』新泉社 ──**16**

安蒜政雄・勅使河原彰 2011『**日本列島　石器時代史への挑戦**』新日本出版社 ──**02・05・09・13・14・15・16・20**

石狩市教育委員会 2005『**石狩紅葉山 49 号遺跡発掘調査報告書**』 ──**08**

今村啓爾 1999『**縄文の実像を求めて**』吉川弘文館 ──**09・18**

E.S. モース（近藤義郎・佐原真訳）1983『**大森貝塚**』岩波書店 ──**01**

E.R. サーヴィス（松園万亀雄訳）1979『**未開の社会組織─進化論的考察**』弘文堂 ──**18**

恵庭市郷土資料館編 2002『**図録カリンバ３遺跡　赤いウルシのアクセサリー**』 ──**18**

大竹幸恵 2004『**黒耀石の原産地を探る・鷹山遺跡群**』新泉社 ──**17**

及川良彦・山本孝司 2001「土器作りのムラと粘土採掘場─多摩ニュータウン No.245 遺跡と No.248 遺跡の関係」『**日本考古学**』11 ──**17**

北区教育委員会 2000『**北区埋蔵文化財調査報告 26　中里貝塚**』 ──**17**

木村英明編 1981『**北海道恵庭市　柏木 B 遺跡**』柏木 B 遺跡発掘調査会 ──**18**

九州大学医学部解剖学教室編 1972『**芦屋町埋蔵文化財調査報告書２　山鹿貝塚**』 ──**18**

国立歴史民俗博物館編 2009『**企画展示　縄文はいつから !?─1 万 5 千年前になにがおこったのか**』 ──**02**

小林和正 1967「出土人骨による日本縄文時代人の寿命の推定」『**人口問題研究**』102 ──**04**

小林達雄編 1977『**日本原始美術大系 1　縄文土器**』講談社 ──**03**

小林達雄編 1990「特集 縄文土偶の世界」『**季刊 考古学**』30、雄山閣 ──**12**

小林達雄 1996『**縄文人の世界**』朝日新聞社 ──**05・07・08・18**

佐賀市教育委員会 2009『**佐賀市埋蔵文化財調査報告書 40　東名遺跡群Ⅱ**』 ──**08・10**

下宅部遺跡調査団編 2006『**下宅部遺跡Ⅰ**』東村山市遺跡調査会 ──**10・11**

新東晃一 2006『**南九州に栄えた縄文文化・上野原遺跡**』新泉社 ──**14**

杉原荘介・芹沢長介 1957『**明治大学文学部研究報告２　神奈川県夏島における縄文文化初頭の貝塚**』 ──**05**

谷口康浩 2011『**縄文文化起源論の再構築**』同成社 ──**02**

勅使河原彰 1998『**縄文文化**』新日本出版社 ──**02・05・14・15**

戸沢充則編 1994『**縄文時代研究事典**』東京堂出版 ──**03・12**

埴原和郎・山内昭雄・溝口優司 1983「岩手県二戸市上里遺跡出土人骨の血縁性に関する統計学的推定」『**人類学雑誌**』91-1 ──**14**

春成秀爾 1981「縄文時代の複婚制について」『**考古学雑誌**』67-2 ──**14**

福井県教育委員会 1979・81・83『**鳥浜貝塚─縄文前期を中心とする低湿地遺跡の調査 1 ～ 3**』 ──**01**

藤原宏志 1998『**稲作の起源を探る**』岩波書店 ──**19**

藤森栄一 1970『**縄文農耕**』学生社 ──**19**

富士見町教育委員会 2011『**藤内─先史哲学の中心**』 ──**06・14**

真脇遺跡発掘調査団編 1986『**石川県能都町 真脇遺跡**』能都町教育委員会 ──**08・09**

山内清男 1937「縄紋土器型式の細別と大別」『**先史考古学**』1-1 ──**03**

山内清男 1969「縄紋草創期の諸問題」『**MUSEUM**』224 号 ──**03**

■**写真所蔵・提供先一覧**

東京大学総合研究博物館：01④, 04⑥（撮影：上野則宏）／福井県立若狭歴史民俗資料館：01⑤, 11②／青森県教育庁文化財保護課：01⑥, 12⑤／佐世保市教育委員会：03②泉福寺洞窟遺跡出土豆粒文土器／國學院大學学術資料館：03②石小屋洞窟遺跡出土隆起線文系土器／三重県埋蔵文化財センター：03③鴻ノ木遺跡出土押型文系土器／明治大学博物館：03③夏島貝塚出土撚糸文系土器, 03④篠山貝塚出土関山式土器, 11③／つがる市教育委員会：03④石神遺跡出土円筒下層式土器（つがる市森田歴史民俗資料館所蔵）／長岡市立科学博物館：03⑤馬高遺跡出土火炎土器／井戸尻考古館：03⑤藤内遺跡出土藤内式土器, 06①, 06③（撮影：田枝幹宏）, 06④, 14①, 14③（撮影：小川忠博）, 15②／東大阪市教育委員会：03⑥縄手遺跡出土中津式土器／立正大学文学部考古学研究室：03⑥称名寺貝塚出土称名寺式土器／別府大学付属博物館：03⑦大石遺跡出土黒色磨研系土器／八戸市埋蔵文化財センター是川縄文館：03⑦是川中居遺跡出土亀ヶ岡式土器／小美玉市史料館：04②／国立科学博物館：04③, 04④／鈴木隆雄：04⑤／府中市郷土の森博物館：05②／鹿児島県立埋蔵文化財センター：05③／埼玉県教育委員会：06②弓と矢筈, 矢柄に装着された石鏃／浜松市博物館：06②鹿腰骨／青森県埋蔵文化財調査センター：06②狩猟文土器／新潟県立歴史博物館：07②, 07③, 07④, 07⑤／石狩市教育委員会：08①／奥松島縄文村歴史資料館：08②／石川県能登町教育委員会：08③／佐賀市教育委員会：08④, 10④／茅野市尖石縄文考古館：09④, 12③, 12⑥／東村山市教育委員会：10①, ③, 11④／胎内市教育委員会：10②分谷地Ａ遺跡出土木胎漆器／新潟市文化財センター：10②御井戸遺跡出土木胎漆器・出土状況／桐生市教育委員会：11①／大学共同利用機関法人人間文化研究機構　国立歴史民俗博物館：11⑤／藤井寺市教育委員会：11⑥／東北歴史博物館：11⑦／釈迦堂遺跡博物館：12①／山形県立博物館：12④／桶川市教育委員会：12⑦／東京国立博物館 Image:TNM Image Archives Source:http://TnmArchives.jp/:12⑧／函館市教育委員会：12⑨／岩手県立博物館（文化庁所蔵）：12⑩／長野日報社：13②／岡山県美咲町教育委員会：13③／塩尻市立平出博物館15③, 15④／国土地理院：16② 20万分の１地勢図／吉川耕太郎：16①珪質頁岩／産業技術総合研究所地質標本館（同館登録番号R57588）：16①サヌカイト／糸魚川市教育委員会：16②翡翠／黒耀石体験ミュージアム：16②, 17①／加瀬靖之：16②琥珀／北区飛鳥山博物館：17②／東京都教育委員会：17③／鹿角市教育委員会：18②／北九州市立自然史・歴史博物館：18③（福岡県芦屋町教育委員会所蔵）／恵庭市教育委員会18④, 18⑤／藤原宏志：19①上南部遺跡出土土器から検出されたプラント・オパール／宇田津徹朗：19①現在のイネのプラント・オパール／福岡市教育委員会（福岡市埋蔵文化財センター所蔵）：19②／山梨県立考古博物館：19③／伊達市噴火湾文化研究所：20①／南種子町教育委員会：20②広田遺跡の発掘風景／鹿児島県歴史資料センター黎明館：20②貝輪・貝製品

■**図版出典**（新たな資料を加えたり、組み替えなどをおこなっているものがある）

E. S. モース（矢田部良吉訳）1879『理科会粋1-上　大森介墟古物編』：01②, 01③／西秋良宏 2008「縄文時代開始期と同じ頃の西アジア—旧石器時代から新石器時代への移行」『縄文時代のはじまり』六一書房：02②／安田喜憲 1980『環境考古学事始—日本列島2万年』日本放送出版協会：05①／設楽博己 1992「呪具と装身具」『図解・日本の人類遺跡』東京大学出版会：12②／後藤祥夫：14②／岩手県埋蔵文化財センター 1985『岩手の遺跡』：18①

上記以外は著者

刊行にあたって

「遺跡には感動がある」。これが本企画のキーワードです。

　あらためていうまでもなく、専門の研究者にとっては遺跡の発掘こそ考古学の基礎をなす基本的な手段です。また、はじめて考古学を学ぶ若い学生や一般の人びとにとって「遺跡は教室」です。

　日本考古学では、もうかなり長期間にわたって、発掘・発見ブームが続いています。そして、毎年厖大な数の発掘調査報告書が、主として開発のための事前発掘を担当する埋蔵文化財行政機関や地方自治体などによって刊行されています。そこには専門研究者でさえ完全には把握できないほどの情報や記録が満ちあふれています。しかし、その遺跡の発掘によってどんな学問的成果が得られたのか、その遺跡やそこから出た文化財が古い時代の歴史を知るためにいかなる意義をもつのかなどといった点を、莫大な記述・記録の中から読みとることははなはだ困難です。ましてや、考古学に関心をもつ一般の社会人にとっては、刊行部数が少なく、数があっても高価なその報告書を手にすることすら、ほとんど困難といってよい状況です。

　いま日本考古学は過多ともいえる資料と情報量の中で、考古学とはどんな学問か、また遺跡の発掘から何を求め、何を明らかにすべきかといった「哲学」と「指針」が必要な時期にいたっていると認識します。

　本企画は「遺跡には感動がある」をキーワードとして、発掘の原点から考古学の本質を問い続ける試みとして、日本考古学が存続する限り、永く継続すべき企画と決意しています。いまや、考古学にすべての人びとの感動を引きつけることが、日本考古学の存立基盤を固めるために、欠かせない努力目標の一つです。必ずや研究者のみならず、多くの市民の共感をいただけるものと信じて疑いません。

監　修　戸沢　充則
編集委員　勅使河原彰　小野　昭
　　　　小野　正敏　石川日出志
　　　　小澤　毅　佐々木憲一

著者紹介

勅使河原 彰（てしがわら・あきら）

1946年、東京都生まれ。文化財保存全国協議会常任委員。「第2回尖石縄文文化賞」「第13回藤森栄一賞」受賞。
主な著書 『武蔵野の遺跡を歩く　都心編・郊外編』（共著、新泉社、2002年）、『増補　縄文人の時代』（共著、新泉社、2002年）、『シリーズ遺跡を学ぶ004　原始集落を掘る・尖石遺跡』（新泉社、2004年）、『縄文人は生きている』（共著、有斐閣、1985年）、『日本考古学史』（東京大学出版会、1988年）、『日本考古学の歩み』（名著出版、1995年）、『縄文文化』（新日本新書、1998年）、『埋もれた歴史を掘る』（編著、白鳥舎、1999年）、『縄文の素顔』（白鳥舎、2003年）、『歴史教科書は古代をどう描いてきたか』（新日本出版社、2005年）、『日本列島　石器時代史への挑戦』（共著、新日本出版社、2011年）、『考古学研究法』（新泉社、2013年）、『縄文時代史』（新泉社、2016年）、『縄文時代を知るための110問題』（新泉社、2021年）

シリーズ「遺跡を学ぶ」別冊03

ビジュアル版　縄文時代ガイドブック

2013年 2 月20日　第 1 版第 1 刷発行
2022年 4 月20日　第 1 版第 4 刷発行

著　者＝勅使河原 彰

発　行＝新 泉 社

東京都文京区湯島１－２－５　聖堂前ビル
TEL 03（5296）9620 ／ FAX 03（5296）9621
印刷／萩原印刷　製本／榎本製本

ISBN978－4－7877－1230－1　C1021